本书是国家社会科学基金项目
"20世纪50年代前期农家收支与农村经济体制变迁研究"
（11XJL003）的研究成果

贵州财经大学经济学研究文库

中国农家收支问题研究

（1949—1956）

常明明 / 著

中国社会科学出版社

图书在版编目（CIP）数据

中国农家收支问题研究：1949～1956/常明明著 . —北京：中国社会科学出版社，2015.12

ISBN 978 - 7 - 5161 - 7361 - 9

（贵州财经大学经济学研究文库）

Ⅰ.①中… Ⅱ.①常… Ⅲ.①农民家庭收支调查—中国—1949～1956 Ⅳ.①F126.2

中国版本图书馆 CIP 数据核字（2015）第 315661 号

出　版　人	赵剑英
责任编辑	卢小生
责任校对	周晓东
责任印制	王　超

出　　版	中国社会科学出版社
社　　址	北京鼓楼西大街甲 158 号
邮　　编	100720
网　　址	http：//www. csspw. cn
发 行 部	010 - 84083685
门 市 部	010 - 84029450
经　　销	新华书店及其他书店

印刷装订	三河市君旺印务有限公司
版　　次	2015 年 12 月第 1 版
印　　次	2015 年 12 月第 1 次印刷

开　　本	710×1000　1/16
印　　张	12
插　　页	2
字　　数	203 千字
定　　价	45.00 元

内容摘要

1949—1956 年，由于农业生产的发展，农户收入水平趋于上升态势，随着收入水平的提高，支出也不断增加。在农户收入结构中，农副业是农户最重要的收入来源，家庭手工业在副业收入中占绝大比重，除此之外，农民还利用农闲时节通过货运、出雇等手段获取收入，以贴补家庭日常所需。农产品的出售收入是农户现金收入最大来源。在农户支出结构中，尽管生活性开支占了绝大比重，生产性消费所占比重相对较小，但生产性消费也呈逐步提高趋势。总体来看，当时农民消费具有较强的自给自足性质，小农经济与国家工业化大生产之间存在着矛盾。

国民经济恢复后，中国选择了重工业优先发展的赶超战略，随着国民经济大规模建设的展开，工业与农业矛盾凸显，为了解决"农业拖工业后腿"问题，中共开始实施统购统销政策，此后，农业合作化运动不断加速。因此，农户收入水平低下、收支相抵剩余甚少也是导致中国农业合作化速度不断加快的一个重要的经济因素。合作化后，在合作化前具有较高生产水平的富裕中农和富农阶层，由于高级社中取消了"土地分红"，实行按劳分配；同时，合作社实行集体劳作制度，对个人的自由发展限制较多，尤其是家庭副业在高级社没有得到相应重视，农户收入结构呈现单一化趋势。富裕中农和富农增收的比重不大，减收户数也相对较多，进而引起他们不满，动摇了他们合作化的信心，形成当时退社风潮重要原因之一。

关键词：1949—1956 年　农家收支　收支结构　农村经济体制变迁

目　录

导　论

　　"三农"问题是我国经济社会发展不断深化过程中的重要问题，事关我国全面建成小康社会的战略目标，关系经济社会的和谐发展。改革开放初期，中共中央把"三农"问题摆在重中之重位置，在 1982—1986 年连续五年发布以农业、农村和农民为主题的中央"一号文件"中，均对农村改革和农业发展作出了具体部署。在 21 世纪，截至 2013 年 1 月，中央已出台了 10 个关注"三农"工作的"一号文件"，凸显中央对"三农"工作的重视。中国共产党第十八次全国代表大会报告指出，要"着力促进农民增收，保持农民收入持续较快增长。""要加大统筹城乡发展力度，增强农村发展活力，逐步缩小城乡差距，促进城乡共同繁荣。"中共十八届三中全会通过的《中共中央关于全面深化改革若干重大问题的决定》指出："鼓励农村发展合作经济，扶持发展规模化、专业化、现代化经营……允许合作社开展信用合作。鼓励和引导工商资本到农村发展适合企业化经营的现代种养业，向农业输入现代生产要素和经营模式。"近些年来，随着国家出台一系列强农惠农措施，农村居民收入水平有了大幅度提升。与此同时，城乡居民的收入仍然存在较大差距，严重制约了农村巨大需求潜力的释放和中国全面建成小康社会的进程。

　　以往历史学界、经济史学界对近代农家收支的研究成果较多，当代经济学者则对改革开放以来城乡居民收入变化做了大量研究，至于新中国成立之初的农家收支问题，尚未见有专门探讨。作为经济史学者，我们有必要对中国 20 世纪 50 年代前期的农家收支与农村经济体制变迁问题进行研究，为当前深化农村经济体制改革，构建农民增收长效机制提供历史借鉴。

　　在研究开篇，首先要回答以下几个基本问题：为什么把 1949—1956 年这段时期农家收支与农村经济体制变迁作为研究对象？与本书有关的研究现状如何？主要依据哪些资料，采用什么理论和方法来研究？本书的研究有何现实意义，将从哪些方面实现创新和突破？

一　研究对象

本书的研究对象是 1949—1956 年，即新中国成立后到集体化高潮这段时期的农家收支与农村经济体制变迁，研究对象的选择原因是，如果不带任何价值判断，纯粹从研究角度考虑，这段时期在新中国经济发展过程中占有十分重要的历史地位，具体来讲，主要有以下三点：

首先，从中华人民共和国成立到农业集体化的完成，中国的社会经济形态经历了两次转轨。第一次转轨，是在半殖民地半封建经济形态基础上，在全国建立起新民主主义经济形态。以社会主义国营经济为领导，多种经济成分并存，市场调节和计划调节同时发挥作用的新民主主义经济制度符合中国的国情，促进了国民经济奇迹般地恢复。第二次转轨，从1953 年开始，通过对生产资料的社会主义改造，到 1956 年在中国建立起单一的社会主义公有制和计划经济的社会主义体制。在经济形态转变过程中，经济社会生活的方方面面充满着转轨与摩擦。在这一阶段，国家对"三农"的政策也发生了相应变化，从新中国成立初期的允许"四大自由"（雇工、借贷、租佃、贸易自由）促进农村经济的恢复与发展，提出过渡时期总路线之后，力图通过农业集体化形式解决当时的"两极分化"问题。政策的变革不可避免地对农户的收支产生影响。

其次，从学术史来看，就 1949—1956 年中国"三农"问题研究而言，迄今，在土地改革、土改后农村阶级变化情况、农地产权制度的变迁、农业合作化、农业生产、集镇贸易、农民负担、统购统销、工农关系及农村金融等方面，都有一些专题研究成果或系统档案资料公布。但同时，又有一些问题还没有引起学术界重视，如农家收支问题即是如此。新中国成立初期中国迅速完成了土地改革，实现了"耕者有其田"的土地制度，随后又快速完成了农业集体化运动，在此过程中，农户的收入是否有一定程度提高，近代以来农户人不敷出状况是否有所改善？农户收支变化状况对当时农村经济体制变迁的作用机理是什么？等等，都值得进一步深入研究，需要下大气力来逐渐弥补现有研究的不足。

最后，研究此课题可为研究当代"三农"问题提供历史借鉴。近些年来，随着国家一系列强农惠农措施出台，农村居民收入水平有了大幅度提升，但与此同时，城乡居民收入仍存在较大差距，城乡二元结构矛盾仍然突出。如何进一步提高农民收支水平，构建农户增收的长效机制？如何化解城乡二元结构的矛盾？借古鉴今，作为经济史研究者，我们有责任对历史上的农家收支与农村经济体制变迁问题做一番清理、分析和评价，探寻现实问题背后的历史脉系与深层致因，为当代"三农"问题研究提供一些值得借鉴的历史事实和研究结论。

二　史料及数据来源

本书所运用的数据主要来源于以下三个方面：

（一）档案资料

1. 地方性档案资料

即当时中央大区农村工作部及所辖各省农村工作部对该辖区农村经济调查资料，这些调查都是采用科学的抽样方法进行的。调查乡村的选择都具有较强代表性，能反映各省各种农村经济的一般情况，如根据自然地理区分为平原区、丘陵区、山区及湖区，有的靠近集镇，有的远离集镇；各类地区又按其经济特点加以区分：主要粮产区、一般粮产区和经济作物区；根据土改后农村政权的建立情况区分为一类乡、二类乡、三类乡。在调查农户的选择上，有的采取逐户调查的方式，有的采取科学的机械抽样的方法选取的，调查农户涵盖了农村各个阶层，各个阶层农户的比例选择充分反映了当时农村的阶级结构状况。

2. 综合性档案资料

主要是财政部、国家统计局及中央农村工作部的档案资料，以及相关档案资料汇编。如中华人民共和国财政部农业税司编：《1955年农村经济与农民负担调查资料汇集》（1957年12月）；中华人民共和国统计局：《1954年全国农家收支调查资料》（1956年5月）；中国社会科学院、中央档案馆编：《1949—1952年中华人民共和国经济档案资料选编》（农业卷），社会科学文献出版社1991年版等。

（二）报纸、期刊

主要是20世纪50年代前期《人民日报》、各省出版发行的日报，以及相关期刊等。

（三）相关文集、资料汇编

主要包括文件汇编、经典文献等。

三　假设前提

现代经济学是研究人类行为的科学，经济学研究方法的特征在于它的研究以"人的行为是理性的"为其最基本前提。理性定义为"一个决策者在面临几个可供选择的方案时，会选择一个能令他的效用得到最大满足的方案。"当然，可供选择的方案会随着每个决策者所面临的外部限制条件——包括资源、制度和技术的不同而异。

现代经济学认为，"人的行为是理性的"这一基本前提不仅适用于现代市场经济，而且也适用于古代传统以及非市场经济。这并非说人类行为的表现在不同经济中没有不同，而是说人类行为之所以表现不同，不是在于他的"理性"有所不同，而是在于制度环境和自然条件不同，造成可供他们选择的方案不同所致。

本书研究的是农家收支问题，因此，有必要首先对收支的主体——农民作一研究。有关农民的理性问题，许多专家学者做过很透彻的分析，在此，有必要回顾诠释有关小农的经典文献。

A. V. 恰亚诺夫在《农民经济组织》① 一书中，通过对革命前俄国小农所作的研究，提出了一种依靠家庭劳动并以实物形态满足家庭消费需要的以自然经济为主体的小农经济模式。他认为，资本主义的利润计算法不适用于小农的家庭式农场，因为这种农场不依赖雇佣劳动，其家庭全年所投入的劳动，很难分解为一个个劳动单位成本，农场一年生产的农产品，是全年劳动的成果，也不易像现金一样按单位计算。最重要的是小农的最优化行为取决于消费满足与劳动辛苦程度的均衡，而不是为了追求最大利润。

西奥多·W. 舒尔茨在《改造传统农业》② 一书中以 20 世纪某些发展中国家小农为原型，提出了一种在竞争的市场运行中追求利润，以商品经济为主体的小农经济模式。他精辟论道：在传统农业（一种生产方式长期没有变化，基本维持简单再生产、长期停滞的小农经济）中小农的经济行为，绝非西方社会一般人心目中那样懒惰、愚昧，或没有理性。他认为小农作为"经济人"，毫不逊色于任何资本主义企业家，一旦有经济利益的刺激，小农便会为追求利润而创新。

新制度经济学提出了人的有限理性概念。有限理性即是指人的行为是有意识的理性，但这种理性又是有限的。D. C. 诺思认为，人的有限理性包括两个方面含义，一是环境是复杂的，在非个人交换形式中，由于参与者很多，同一项交易很少重复进行，所以人们面临的是一个复杂的、不确定的

---

① A. V. 恰亚诺夫：《农民经济组织》，中央编译出版社 1996 年版。
② 西奥多·W. 舒尔茨：《改造传统农业》，商务印书馆 2003 年版。

世界，而且交易越多，不确定性就越大，信息也就越不完全；二是人对环境的计算能力和认识能力是有限的，人不可能无所不知。[①] 新制度经济学从人的实际出发研究人，这表明新制度经济学对人的行为的假定更接近现实。

新中国成立初期，土地改革废除了封建土地所有制，打碎了束缚农业生产力的枷锁，它没有取消反而保护了以农民家庭为单位的农业个体经济。农户是一个生产与消费合一的单位，这样一个单位的生产决策，同时由家庭自身的消费需求及往往为市场而生产的收益核算而形成。在农业合作社中，由于采用集体生产、统一经营、统一分配，对社员的最高劳动成果依据劳动时间进行考核，使得农民在生产活动中表现出了"出工不出力"等机会主义的倾向。因此，农户的经济行为是具有理性的。

四　研究方法

经济史是历史学与经济学的交叉学科。首先要把历史上的经济现象搞清楚，这可称之为"历史上的经济"；要进一步分析各种因素之间的内在联系，揭示经济运行方式及其机制，这可称之为"经济的历史"。就经济史这个学科而言，这两个方面是缺一不可的。因此，在经济史研究中，历史学的各种理论方法，包括唯物辩证法和史料考证等办法是最基本的、基础性的方法；同时也要用经济学理论、概念、范畴、方法来分析历史上的经济现象。[②]

历史方法力图按照发展顺序和历史事实说明历史，也就是我们通常所说的实证的方法。这种方法的优点是反对解释历史的随意性和主观性，缺点是容易停留在历史现象的表面，对历史变动的深层原因和规律无法做出解释。经济学的方法也要根据历史事实来研究历史，但它更侧重用一些概念、范畴和模式来说明历史，排除各种非本质因素，它的优点是能够对历史变动的深层原因和规律作出某种说明，尽管这种说明不一定正确或完善，但它能启发人们从理论上提出问题和思考问题。它的缺点是容易把鲜活生动和复杂的历史简单化、概念化和公式化。

本书采用历史学方法与经济学方法相结合的研究方法，对从新中国成立后到农业集体化高潮这一阶段的农家收支进行了实证研究，同时对该时

---

① 卢现祥：《西方新制度经济学》修订版，中国发展出版社2003年版，第16页。
② 李根蟠：《从经济史研究谈到"究天人之际，通古今之变"》，《中国经济史研究》1999年第1期。

期影响农家收支的深层原因作出解释，并在实证分析的基础上结合国情进行规范性研究。

五　理论工具

中国经济史研究前辈吴承明先生指出，在经济史研究中，是把现有的各种理论特别是对经济运行和其机制的解释，作为方法，尤其是思考方法和分析方法，加以运用。至于选择哪一种理论，则"史无定法"，主要依据其理论对所研究课题的适用性和史料的可能性来决定。可以选择理论中的某一点，也可在一个问题上选用几种理论。要言之，选用某种理论，主要是启发性的，而不是实证性的。在经济史论文中，时见"根据某种理论，应如何如何"语式，这是最笨的用法。[①]

诺思指出，目前用于经济史研究的经济理论不外乎古典经济学、新古典经济学、马克思主义经济学。古典经济学强调人口与土地资源的矛盾，得出一个悲观模型，但它不失为一种探讨 19 世纪中期以前一千年人类经验的颇有裨益的出发点。新古典经济学以储蓄率作为经济增长动力，通过市场调节，达到新的均衡，并注重知识积累和边际替代能力，是一种乐观模型，可以解释工业革命以来西方经济的发展。但它完全忽视了产权、制度、意识形态等因素。而没有这些，单凭市场上相对价格的变动是不能解释历史上重大变革的。马克思主义经济学把新古典模型漏掉的东西全部包括进来，它强调所有权和国家的作用，强调技术发展引起所有制的矛盾，堪称是一项重大贡献。不过马克思主义过于理论化，而新古典模型拥有机会成本、相对价格、边际效益等更为精确的分析方法。新古典模型的最大缺陷是忽视了交易费用，以为不花成本就能实施所有权，以至于个人收益和社会收益相等。[②]

与此不同，新制度经济学运用新古典理论分析制度问题，作为一个新的学派，它强调人的有限理性，强调制度约束对效率的影响，注重研究市场运作中各种摩擦因素以及制度同产权、交易成本、效率之间的关系。因此，对研究中国转型社会比较有借鉴意义。本书采取的理论解释和分析工具主要是新制度经济学中的相关理论，如产权理论，同时还运用古典及新古典经济学中一些概念、方法如供求理论、机会成本、边际分析等。

---

① 吴承明：《经济学理论与经济史研究》，《中国经济史研究》1995 年第 1 期。
② 道格拉斯·C. 诺思：《经济史上的结构和变迁》，商务印书馆 1992 年版，第 60—62 页。

产权不是指人与物之间的关系，而是指由于物的存在及关于它们的使用所引起的人们之间相互认可的行为关系。产权安排确定了每个人相应于物的行为规范，每个人都必须遵守与其他人之间的相互关系，或承担不遵守这种关系的成本。因此对共同体中通行的产权制度可以描述为，它是一系列用来确定每个人相对于稀缺资源使用时的地位的经济和社会关系。①产权是权利束，包括以下四方面内容：（1）占有权；（2）使用权；（3）收益权；（4）转让权。其中最后两个方面是私人产权最为根本的组成部分，它们确定了所有者承担资产价值的变化权利。一旦政治体制产生的产权缺乏效率，经济衰退或停滞就会持续存在。

土地改革后，农民私有财产权利的确立，调动了广大农民的生产积极性，农业生产力快速发展。但是过渡时期总路线提出之后，随着所有权制度的改革，农民的土地和其他生产资料的私有权逐渐变为集体产权，农民丧失了部分农产品的剩余所有权，必然影响农民的生产积极性，进而影响农民收入水平的进一步提高。因此，要分析20世纪50年代中国农家收支的变化，最根本是要从产权制度上寻找答案。

新中国成立前夕，人民政治协商会议所通过的《共同纲领》规定："保护工人、农民、小资产阶级和民族资产阶级的经济利益及其私有财产。"1950年6月颁布实施的《中华人民共和国土地改革法》也规定"保护富农所有自耕和雇人耕种的土地和其他财产，不得侵犯。""保护中农（包括富裕中农在内）的土地及其他财产，不得侵犯。"在法律上明确提出了保护农民的私人财产权。根据新中国成立后新颁布的土地改革法，农村土改的实质是"实现耕者有其田"的农民土地所有制，主要内容是反封（封建地主、半封建式的富农）而不反富（富裕农民）。但是，土改中不仅地主阶级土地和其他私有财产受到剥夺，而且富农、富裕中农、中农、小土地出租者、债利生活者、农村私人工商业者等的私人财产权也受到不同程度侵犯。土改后，农业集体化运动表面上看似以群众自愿为原则进行的，实际上是这种以群众运动的方式迅速推进的集体化，带有浓厚的强制性色彩，农民私有财产不时遭到侵犯。尽管上述法律都提出保护农民的私人财产权，但在政策执行过程中，农民的私人财产权缺乏有效的保护并经常受到侵犯，不可避免影响到农民的生产积极性和农家收支。

---

① R. 科斯、A. 阿尔钦等：《财产权利与制度变迁》，上海三联书店1994年版，第204页。

六 创新和不足之处

（一）创新之处

经济史学界前辈严中平先生提出，学术研究要有"四新"，即新问题、新观点、新材料、新方法。要想做到"四新"，实属非易，但无论如何，应当作为我们的努力方向。如果说本书有创新之处的话，笔者认为，主要有以下三点：

一是提出了新问题。追溯学术史，以往历史学界、经济史学界对中国近代农家收支的研究成果较多，当代经济学者则对改革开放以来城乡居民收入，做了大量研究，至于 20 世纪 50 年代前期的农家收支，尚未见有专门的探讨。因此，本书的选题具有一定的创新意义。

二是采用了大量新材料，即挖掘和收集了大量的档案资料，这些档案大多以前未见面世，为本书的研究打下了坚实的资料基础。

三是提出了一些新见解。如笔者通过研究指出土地改革后随着农村经济形势的逐渐好转，在农户的收入结构中，尽管农副业收入占了绝大比重，但农户仅靠农副业收入不足以满足全部支出的需要，因此，农户还得通过出雇、借贷等方式弥补日常生活所需；在支出结构中消费性支出所占比重呈下降趋势，而生产性消费逐渐上升，大多数农户收支状况有所改善，农户收支相抵或多或少有所盈余，但这种盈余是不稳定的，偶遇天灾人祸就可能出现亏欠的现象；国民经济恢复后，中国选择了重工业优先发展战略，从此工业与农业的矛盾开始凸显，在这种情况下，中共设想通过制度变革来解决"农业拖工业后腿"问题，这就是实行统购统销和农业合作化。因此，农户收入缓慢，农户剩余甚少也是当时中国农业合作化进程不断加快的一个重要的经济因素。

（二）不足之处

一是由于当时的农村经济调查缺乏一定的连贯性，故当时的调查材料某种程度上缺乏一定的可比性，从而给研究带来了困难，不过总体上并不影响研究过程及本报告的结论。

二是由于受政治经济环境影响，当时的农村经济调查主要由人民政府组织实施，而缺乏一定的民间调查材料。同时，在研究中，为与官方的调查材料进行印证，笔者曾采用了一定的田野调查方式进行数据收集，由于研究时限相对久远，调查对象对当时的情况大多模糊不清，因此，本书未使用这方面数据，使用的材料主要来源于官方调查。

第一章 农村经济体制变迁与促进农家收入增长的政策

新中国成立后，人民政府根据《共同纲领》制定了《中华人民共和国土地改革法》，在广大新解放区进行了土地改革，废除了封建的土地制度，解放了农业生产力。从农业生产的状况来看，土地改革以后虽然发展很快，但是，党中央预见到，依靠小农经济进一步发展农业存在诸多弊端。特别是国民经济恢复后，中国选择了重工业优先发展战略，农业与工业发展的矛盾很快凸显，要使农业的发展与工业和整个国民经济的发展相适应，需要改变以小农经济为主的农业经营体制，引导农民走社会主义道路。

第一节 土地改革与发展合作经济组织

土地改革是新中国成立之后开展的一场声势浩大的生产关系变革运动，通过土地改革，根除了农村原有的封建剥削势力，3亿多无地和少地农民无偿分得约7亿亩土地，以及大批耕畜、农具等生产资料，确立了农民个体经济所有制。农民在自己的土地上劳动，生产积极性高涨，促进了农民收入水平的提升。但由于农业生产力落后，单家独户的小农依靠自身很难完成农业生产全过程，与此同时，农业剩余较少，提供给市场的农副产品难以满足国家工业化的需求，由此中共借以发展各种合作经济组织来解决农业与工业化的矛盾，合作经济组织的发展在一定程度上促进了农户收入水平的增加。

一 土地改革

（一）土改前的农村经济

中华人民共和国成立以前的旧中国是一个落后的农业国，1949年农村人口占全国人口的89.4%；农业总产值占全国工农业总产值的70%；

农业净产值占工农业净产值的 84.5%；农村经济受封建土地制度的束缚和长期战争破坏，生产凋敝，交通梗阻，滞塞、物价飞涨，农民生活十分困苦。农业生产力中的主要动力耕畜比抗日战争前减少 16%；主要农具减少 30%；江河滨湖堤岸长年失修，森林草原植被破坏，自然灾害加重，导致农业生态环境日益恶化，许多地区耕地荒芜，农业耕作粗放、施肥量减少，土地生产率下降。1949 年与抗日战争前最高产量比较：粮食生产量下降 24.5%，棉花产量下降 47.6%，油料作物产量下降 60% 以上，桑蚕茧下降 86%，茶叶下降 86%，生猪年末存栏数下降 26.5%，羊下降 32.3%，水产品下降 30%。1949 年我国人均粮食 448 斤，棉花 1.64 斤，广大农民处于食不果腹、衣不蔽体的艰难之中。①

旧中国一般土地占有关系是，占乡村人口不到 10% 的地主和富农，占有 70%—80% 的土地，而占乡村 90% 以上的贫农、雇农、中农以及其他劳动人民，却总共只占有 20%—30% 的土地。也就是说，乡村中 90% 的土地是中农、贫农及一部分雇农耕种的，但他们只对一部分土地有所有权，对大部分土地则没有所有权。② 土地是农民赖以生存的重要生产资料，土地占有关系决定农家收支状况。关于近代农户收支情形，一些学者的研究认为，长期以来，近代中国农民入不敷出，生活贫困已成定论。③

（二）土地改革

解放初期，我国广大新区④农村，其主要矛盾依然是地主与农民之间的矛盾。为了解决这个矛盾，变革长期阻碍农村生产力发展的封建土地占

---

① 中国社会科学院、中央档案馆编：《1949—1952 年中华人民共和国经济档案资料选编》农业卷，社会科学文献出版社 1991 年版，第 1 页。

② 刘少奇：《关于土地改革问题的报告》（1950 年 6 月 14 日），《刘少奇论新中国经济建设》，中央文献出版社 1993 年版，第 156—157 页。

③ 关于近代农户收支情况的研究，主要代表性成果有章有义：《近代中国农民生活程度的变迁趋势》，《明清及近代农业史论集》，中国农业出版社 1997 年版；黄宗智：《长江三角洲的小农家庭与乡村发展》，中华书局 1992 年版；王国斌：《转变的中国——历史变迁与欧洲经验的局限》，江苏人民出版社 1998 年版；周中建：《20 世纪二三十年代苏南农家收支状况》，《中国农史》1999 年第 4 期；李金铮：《近代长江中下游地区农家收支对比及其相关因素——以 20 世纪 20—40 年代为中心》，《学海》2002 年第 4 期；郭谦、王克霞：《20 世纪二三十年代山东农家收支状况及其影响》，《山东经济》2006 年第 6 期；李学昌、董建波：《1940 年后期常熟农家收入水平及其相关因素》，《史林》2006 年第 5 期。

④ 新区，即新中国成立后尚未进行土地改革的地区。

有关系，中国共产党在新区广大农村地区发动了亿万农民参加的土地改革运动，不仅在政治上推翻了地主阶级的统治，而且在经济上废除了封建的土地制度，使 3 亿多无地和少地的农民无偿分得了约 7 亿亩土地，以及大批耕畜、农具等生产资料，使农民免除了每年给地主交纳 3000 万吨以上粮食的地租。生产关系的变革解放了农村生产力，由于农民是在自己的土地上进行耕种，劳动热情高涨，农业得到快速恢复。

表 1-1　　　　　　　全国土地改革前各阶级占有耕地情况

	户数（万户）		人口（万人）		耕地			
	合计	比重（%）	合计	比重（%）	合计（万亩）	比重（%）	户均（市亩）	人均（市亩）
合计	10554	100.00	46059	100.00	150534	100.00	14.26	3.27
贫雇农	6062	57.44	24123	52.37	21503	14.28	3.55	0.89
中农	3081	29.20	15260	33.13	46577	30.94	15.12	3.05
富农	325	3.08	2144	4.66	20566	13.66	63.24	9.59
地主	400	3.79	2188	4.75	57588	38.26	144.11	26.32
其他	686	6.49	2344	5.09	4300	2.86	6.87	1.83

注：1. 户数、人口、耕地总数是用 1950 年农业生产年报资料，各阶级数字是根据各地区土改前各阶级比重推算的。2. 土改前各阶级是指土改前三年的阶级成分。

资料来源：中国社会科学院、中央档案馆编：《1949—1952 年中华人民共和国经济档案资料选编》农村经济体制卷，社会科学文献出版社 1991 年版，第 410 页。

1955 年春耕前，由国家统计局统一组织，在全国 25 个省、自治区进行了 1954 年农家收支调查。这次调查事先设计了抽样调查统一方案，在调查中共调用在职干部 5000 人，在 824 个乡村中调查了 16468 户农户，调查完毕后整理汇总出 23 个省、自治区 15432 户的调查资料[①]，汇总后又经过审核、研究，

[①]　资料包括的 23 个省、自治区共 15432 户农户是：河北（1019 户）、山西（839 户）、热河（500 户）、陕西（1000 户）、山东（1054 户）、河南（993 户）、辽宁（500 户）、吉林（537户）、黑龙江（698 户）、内蒙古（278 户）、甘肃（600 户）、青海（200 户）、江苏（500 户）、安徽（984 户）、浙江（640 户）、湖北（700 户）、湖南（697 户）、江西（598 户）、四川（1140户）、广东（816 户）、新疆（140 户）、贵州（500 户）、福建（499 户）。同时，该资料仅对抽样农户 1954 年的收支状况进行了调查，缺乏一个纵向的比较。参见中华人民共和国统计局编《1954 年全国农家收支调查资料》（1956 年 5 月），广东省档案馆：MA07-61·222。

因此这份调查资料应该是我们研究 1949—1956 年农家收支的重要依据。该调查显示，全国土改结束时各阶级占有耕地情况如表 1 - 2 所示。

表 1 - 2　　　　　　全国土改结束时各阶级占有耕地情况　　　　　　单位：%

	各阶级占人口比重	各阶级占有耕地比重
合计	100.0	100.0
贫雇农	52.2	47.1
中农	39.9	44.3
富农	5.3	6.4
地主	2.6	2.2

资料来源：根据中华人民共和国统计局：《1954 年全国农家收支调查资料》（1956 年 5 月），广东省档案馆，MA07 - 61·222 整理。

土地改革的目的是解放生产力和发展生产力，因此 1950 年 6 月颁布的《中华人民共和国土地改革法》第六条规定："保护中农（包括富裕中农在内）的土地及其他财产，不得侵犯。""保护富农所有自耕和雇人耕种的土地及其他财产，不得侵犯。"因为土地改革后，中农、富农占农村人口较大比重，贫农也希望上升为中农、富农。如果在改革中侵犯中农的利益，破坏富农经济，那么不仅富农恐慌动摇，即一般中农、富裕中农及土地改革后由贫农上升的中农，也会对生产不积极。一般雇农更会保持以贫穷为光荣的旧思想，想吃斗争饭，反而不积极生产，这种结果，对生产是极不利的。

在土改过程中及土改完成后，为保证农业生产的恢复与发展，各地政府还及时发布发展生产的政策，如 1950—1952 年，中南军政委员会每年均发布了"发展春耕生产十大政策"，如 1950 年该政策规定："保证雇工自由""保证借贷自由"。华东军政委员会于 1951 年 2 月也颁布了"发展农业十大政策"，规定"保护农民已分得的土地及财产，不得侵犯。""借贷自由，有借有还，利息由双方自行议定，并奖励城市资金下乡，保证其合法经营及利益。""允许富农经营发展，劳动雇工自由，工资待遇应根据两利原则和政府法令双方协议。"①

---

① 中国社会科学院、中央档案馆编：《1949—1952 年中华人民共和国经济档案资料选编》农村经济体制卷，第 454—456 页。

到 1952 年年底，新区土地改革基本结束，是年全国粮食作物产量达到 3087.88 亿万斤，其中稻谷的产量 1368353 亿万斤，分别超过新中国成立前粮食作物最高产量（2773.96 亿万斤）11.32%，稻谷最高产量（1146.82 亿万斤）19.33%；棉花产量达到 2607.40 万担，超过新中国成立前最高产量（1697.60 万担）53.59%。[①]

二　发展农业生产合作组织

土地改革后，由于农业生产落后，单家独户的小农很难完成农业生产全过程，而互助合作对缓解农户生产困难能起很大作用。在人民政府倡导下，农业生产互助组织得到迅速发展。

旧中国是小农经济占统治地位的国家，个体农民由于生产力低下，畜力和生产工具缺乏，为了不使生产中断，维持其生活，历来就存在劳动互助的习惯。这种互助合作产生于原始社会瓦解阶段农村公社之时，一直延续到近代。旧时的互助合作特点是规模小、临时性和不固定性，"参加的阶层大多数是有农具而缺乏劳动力的中农和有劳动力但缺乏农具的贫农，而以占有农具的中农为中心，有钱雇工和有充足农具的富农很少参加。"[②]同时，这些互助合作只限于本族和至亲好友之间，其范围极其狭隘，越是复杂的劳动互助这个特点就越明显。旧时农民中的互助合作对于缓解畜力紧张、调剂劳力、适时抢种和抢收等都起了重要作用。同时，这些互助形式是农民自愿、自发组织起来的，所有参加互助的农民的福利均有所提升，因而是一种帕累托改进的制度安排。

土地改革后，农民虽获得了土地，但是，由于牲畜、生产工具的普遍缺乏，依靠农民独立的家庭经营，很难完成农业生产的全过程。而互助合作可以发挥"组织起来"的优越性，逐步克服了几千年来小农经济分散经营的弱点和困难，对于缓解农户生产困难能起很大的作用。因此，在中国政府的倡导下，农民进行互组合作，使农业生产互助组这一组织形式得到迅速发展。

在农业生产合作组织发展初期，大多数是根据自愿互利原则自发建立起来的，均能做到及时播种和耕作，比单干农民多打粮食。据河南省几个典型互助组的调查，农民组织起来后，可省工 1/3，可节省一套农具，并

---

① 农业部计划局编：《农业经济资料手册》，中国农业出版社 1959 年版，第 94、98 页。

② 中国社会科学院、中央档案馆编：《1949—1952 年中华人民共和国经济档案资料选编》农村经济体制卷，第 518 页。

能做到比单干农民增收一成，生活水平上升比单干农民快。又如湖南省汉寿县第五区福和乡何贵芳互助组，在生产上获得了远远超过单干农民的成效：全组 58.5 亩水田，总产量达到 41410 斤，平均亩产为 735 斤，较同期本乡单干农民平均产量的 600 斤，高出 22.5%；全组 30 亩棉田，总产量 8108 斤子棉，平均亩产 270 斤，较同期本乡单干农民平均产量的 180 斤，高出 50%；在副业方面，全组挖藕、种菜、纺纱等收入折合稻谷 1825 斤，捕鱼获利 80 多元，此外，全组养猪 10 头、鸡鸭 153 只，其收入大都超过往年。正是在这些互助组的示范作用下，原来对组织互助抱有怀疑态度的农民，也积极参加互助组织。如湖北浠水县纱帽乡农民，1952 年在徐定学互助组的影响下，发展了 100 多个互助组织。①

1949 年 10 月到 1953 年 10 月全国第三次互助合作会议召开，是农业合作社试办阶段。1950 年年中全国仅有 19 个农业合作社，1951 年年中，合作社发展到 130 个，参加农户达 1618 户，到该年年底合作社发展到 300 余个。1951 年秋，在召开的全国第一次互助合作会议上形成了《中国共产党中央委员会关于农业生产互助合作会议的决议》（草案）正式提出：农业生产合作社是农业生产互助运动的高级组织，比互助组更优越，是我国农业走向社会主义的过渡形式。到 1952 年上半年，合作社发展到 3634 个，入社农户 57188 户。1953 年 3 月，中央决定合作社仍停留在重点试办阶段，老区一般是县级试办，新区则以省、专区两级试办。据 1953 年 11 月统计，全国合作社发展到 14000 个，入社农民达 27.3 万户，占参加互助合作农户总数的 0.57%，约占全国农户总数的 0.024%。这个阶段的合作社数量不多，且属于试办性质，总的来说，还是成功的。这主要表现在合作社的生产和收入一般高于互助组和单干农户，据当时的普遍反映，合作社成立的第一年农产品产量就比当地互助组增产 10%。如据华北、东北两区 40 个合作社的统计，1951 年，各社单位面积平均超过当地互助组 16.4%，超过单干农民 39.2%。② 1953 年 10 月，中共中央农村工作部召开第三次互助合作会议，会议期间，毛泽东两次召集农村工作部负责人谈话，毛泽东根据"一五"计划头一年即出现粮食供应紧张和合作社取

---

① 中国社会科学院、中央档案馆编：《1949—1952 年中华人民共和国经济档案资料选编》农村经济体制卷，第 538、587 页。

② 农业部农政司：《目前农业生产合作社发展中的一些问题》，参见中南军政委员会农林部编《农业生产互助合作运动参考资料》，1953 年 1 月 20 日。

得的增产成绩提出，小农经济与社会主义工业化不相适应，要求各级党的一把手亲自抓社会主义农业改造大事，县、区干部的工作重心要逐渐转移到农业生产互助合作这方面来。全国第三次互助合作会议和中共中央关于农业生产合作社的决议传达贯彻，与粮食统购统销政策、党在过渡时期总路线的宣传教育，在1954年年初同时展开。因而，在中国很快掀起了一个大办农业合作社的热潮。到1954年年底，全国农业合作社发展到48万余个。在农业生产合作组织内部，农民通过人力、畜力、农具的联合，有利于克服个体农户劳力、畜力、农具不足的困难，进而有利于发展农业生产。

建社初期，合作社得到党政有关部门的大力扶持和帮助，如1952年2月，中南局就反映，在1952年试办社时，一般合作社的贷款就很多，最多的达3500元，以致"因政府扶持过多，群众眼红，有为争扶持而组社的。"[①] 这些农贷用于合作社购买牲畜、大车、改良农具及肥料等，避免了农贷过于分散零星及转为消费。

农业合作社是农村群众在党的领导下自愿结合的一种经济组织，因此，在农业合作社筹集资金时，必须贯彻自愿互利的原则，做到既不使贫农吃亏，又不损害中农的利益。要实现自愿互利，在组织生产时就必须采取股份基金制的办法，大家合理平摊股份基金，交社作为大家进行共同生产所需的基金。但是，很多贫农以及部分新、老中农中的下中农经济力量还很薄弱，他们在开始参加农业生产合作社时首先会在经济上遇到困难，一方面是负担农业社当年生产费用的平摊价款，另一方面是负担已折价归社的主要生产资料平摊价款。这些困难如不能很好地加以解决，就不能提高贫农社员在社内的政治和经济地位，或会因为照顾贫农而产生损害中农利益的偏向，而这对于加强农贫农、中农之间的团结，鼓励中农向社投资及巩固、发展农业生产合作社都是不利的。

贫农和中农在农业合作社中彼此关系上的主要问题，就是土地和生产资料的报酬多少问题（当然还有分配问题）。解决这一问题就要求坚决贯彻互利原则，不使贫农或中农任何一方在经济上受到损害。因此，除土地以外的生产资料，如果转归农业合作社集体所有，就需要按照公平合理的市价给予报酬，不能无偿归社，而且价款偿还期限不能过长。中农由于占

---

① 中华人民共和国国家农业委员会办公厅编：《农业集体化重要文件汇编（1949—1957）》上册，中央党校出版社1981年版，第146—147页。

有较多的生产资料，故在合作社中的投资较贫农多，因而中农最关心的问题除折价合理之外，就是这种生产资料的价款何时归还以及贫农是否均摊。贫农由于家底较薄，同中农均摊这些生产资料有困难，因此也就会影响贫农入社积极性以及在社内的经济和政治地位。

针对当时情况，中国人民银行总行关于农村信贷工作提出："为了保证贯彻互利政策，加强贫、中农之间的团结，对交不起生产投资及股份基金的贫农，原则上不予减免，可给予贫农合作基金贷款。"① 毛泽东也指出："对于贫农，国家要贷点款，让他们腰杆硬起来。在合作社里面，中农有牲口、农具，贫农有了钱，也说得起话了。"② 1955 年 6 月 2 日，中国人民银行总行发出《关于办理贫农合作基金放款的通知》，该通知指出："今后国家对农业生产合作社的放款，除了基本建设放款和临时生产费用放款外，特别增设贫农合作基金放款一项，以帮助贫农解决初参加合作社时筹措入社费用的困难。"③ 此后，国家银行开始发放贫农合作基金贷款。

按照政策规定，贫农合作基金贷款对象是现有贫农及个别缴纳股份基金确有困难的新、老中农中的下中农。属于上述对象的烈士家属、军人家属、老弱残疾、劳动力缺少、经常依靠救济、偿还能力极低的贫苦社员，他们大都是现有贫农中的极贫户，在缴纳股份基金有困难时，不但应贷给贫农合作基金贷款帮助解决，并且由于他们经济上升缓慢，偿还能力较弱，在贷款期限上还给予适当照顾，酌予延长。对于过去小商贩或城市贫民，现在已入社参加农业生产，其经济地位处于现有贫农状况者，在缴纳股份基金有困难时，也可以贷给贫农合作基金贷款。至于经济上并未下降的中农（上中农）临时缴纳股份基金有困难时，不能贷给贫农合作基金贷款，但可贷予一般贷款给予短期周转。贫农合作基金贷款面一般在参加农业生产合作社户数的 30% 左右，如山西省 77 个农业社的调查统计，1955 年，贫农合作基金贷款共批准贫农 1129 户，新中农 299 户，贷款户

---

① 《中国人民银行总行关于当前农村信贷工作中几个主要问题的报告》（1955 年 1 月 22 日），中国社会科学院、中央档案馆编：《1953—1957 年中华人民共和国经济档案资料选编》金融卷，中国物价出版社 2000 年版，第 346 页。

② 毛泽东：《关于农业合作化问题的讲话》，参见国家农业委员会编《农业集体化重要文件汇编》（1949—1957），中央党校出版社 1982 年版，第 331 页。

③ 卢汉川主编：《中国农村金融历史资料（1949—1985）》，1986 年 10 月，第 86 页。

占总户数的 25.1%。①

贫农合作基金贷款于 1955 年 7 月各地开始试点发放，到 1957 年共放出 7.3 亿元，约帮助 4000 万户贫农和下中农（约占当时全国农户 1.1 亿户的 36%）缴纳了入社股份基金。从 1957 年就有些社员开始陆续归还，到 1958 年 8 月，共收回 1.2 亿多元。② 从贫农合作基金贷款占各项农贷的比重来看，据统计，截至 1956 年 10 月底，该年全国累计发放农贷 31.3 亿多元，其中用于农业社基本建设和生产费用贷款占 49.7%，社员个人及个体农民生产、生活贷款占 18%，贫农合作基金贷款占 19.3%，国营农场贷款占 10.7%，渔牧业贷款占 3.3%。③ 由此可见，当时贫农合作基金贷款占各项农贷中所占比重较高，有力地支持了农业合作化的发展。

1955 年 12 月 21 日，毛泽东在《征询对农业十七条的意见》中提出，农业合作化的速度，要在 1956 年下半年基本完成初级形式的建社工作，入社农户达到 80%—85%，合作化的高级形式，争取于 1960 年基本上完成，或缩短一年，争取于 1959 年基本完成。1956 年 1 月 23 日，中共中央政治局通过的《1956 年到 1967 年全国农业发展纲要》又要求合作基础较好并已经办了一批高级社的地区，在 1957 年基本完成高级形式的农业合作社，其余地区在 1958 年基本完成高级形式的农业合作社。

紧跟着大办初级社的热潮，又出现了并社、升级的高级化热潮。到 1956 年年底，入社农户已达到 11783 万户，占全国农户总数的 96.3%，其中参加高级社的农户占 87.8%，基本上完成了过渡时期总路线规定的农业社会主义改造任务。农业集体化完成后，原有单个农户被纳入一个个生产合作社中，必将对缓解农户生产中的各种困难起一定的促进作用，进而会在一定程度上提升农户尤其是贫困农户的收入水平。

三 发展农村信用合作组织

（一）1949—1954 年农村信用合作组织的发展

中国乡村合作社是从 20 世纪 20 年代初华洋义赈会办理河北信用合作

---

① 中国人民银行山西省分行：《在帮助农业合作社合理确定股份基金的基础上放好贫农合作基金贷款》，"农村金融"编辑委员会编：《做好贫农合作基金贷款积极支援农业合作化运动》，财政经济出版社 1956 年版，第 50 页。

② 卢汉川主编：《中国农村金融历史资料（1949—1985）》，1986 年 10 月，第 87 页。

③ 《中国人民银行总行 1956 年农贷工作总结和 1957 年农贷工作意见》（1957 年 3 月 15 日），《1953—1957 年中华人民共和国经济档案资料选编》金融卷，第 429 页。

事业开始的，直至 1927 年国民政府成立以前，河北信用合作社的发展一直独放光芒，而南方只有少数合作社成立。国民政府成立以后，其他省份尤其是长江中下游地区有了较快发展。民国时期，就合作社的推动力而言，一是政府自上而下的推动；二是银行等金融机构的支持；三是乡村赈济团体和乡村建设团体的推动，而在 1937 年以后，最后一种力量基本消失。民国时期，虽然农村信用合作社这一现代金融组织有了一定程度的发展，但是，由于其力量微弱，再加上经营管理中的种种弊端，未能取代传统借贷尤其是高利贷的优势地位，在农民的借贷来源中传统私人借贷仍占据重要地位。据调查，20 世纪三四十年代，湖北、湖南及江西农户各种借贷来源中私人借贷平均在 40%，最高年份竟达到 70% 左右。[①] 由于受政权更迭的影响，新中国成立前夕，国民政府在乡村推行的信用合作社消失殆尽。

在革命根据地，早在 1944 年的时候，陕甘宁边区就有 88 个供销合作社根据群众需要在社内附设了信用部，兼营信用业务，到 1947 年，在解放区已有 880 多个信用合作组织（社和部）。但由于战争、物价不稳等因素影响，到 1949 年差不多都停办了，仅剩 20 多个勉强维持。

新中国成立后，受减租减息及土地改革的影响，农村私人借贷处于停滞状态。当时的农村民间借贷主要是农民为了应付一年一度的饥荒或其他生活费用的临时支出，私人借贷的停滞使农民很难渡过难关，埋怨"四门紧闭，借不到钱。"对此，中央和地方各级人民政府一是积极倡导自由借贷，二是增加国家农贷，三是试图通过发展各种形式的农村信用合作社组织来组织农村闲散资金，使农村居民之间相互调剂资金有无，以此来活跃农村金融，解决农民生产生活困难，促进农村经济恢复与发展。

新中国成立初期，农村信用合作社的发展可分为两个阶段。1950—1953 年为试办阶段，1954 年起为大发展阶段。1950 年 6 月国家统一财经之后，物价稳定，部分地区进行土改为开展信用合作创造了条件。此时，中国人民银行总行首先联合全国合作社总社在华北地区开始试办信用合作社，1950 年年底河北、山西等省组织信用社 105 个。另外，还有 439 个供销社内建立了信用部及 33 个信用小组。1951 年 5 月，人民银行总行召开了第一届全国农村金融会议，提出了信用合作工作是农村金融工作的重

要工作之一。到 1951 年年底，全国就有了 538 个信用合作社，比 1950 年增加了 4 倍多，信用部达到 953 个，比 1950 年年底增加 1 倍多，信用小组达到 542 个，比 1950 年年底增加 15 倍之多。1952 年部分地区的重点试办进入普遍发展，到 1952 年年底，信用合作社达到 2271 个，信用部 1578 个，信用小组 16218 个。1953 年，人民银行总行在布置农村金融工作中提出逐步推广信用合作社与高利贷作斗争，本年年底达到 9418 个社，组织社员即达 597 万人。信用部达到 2069 个，信用小组 3994 个。1954 年 3 月人民银行总行召开了全国信用合作座谈会，根据过渡时期总路线的精神，统一了对信用合作社的认识，推动了信用合作社的迅猛发展。到 1954 年年底，发展到 124068 个社，比 1953 年年底增加了 12 倍多，社员达到 7200 余万人，信用部达到 2384 个，信用小组发展到 21281 个，比 1953 年年底增加 4 倍多。[①]

（二）农村信用合作社发展对农民生产生活的影响

随着农村信用合作社业务的发展，信用社的贷款不仅扶持农民解决生产困难，也帮助解决生活困难。1953—1954 年全国农村信用合作社业务发展情况如表 1-3 所示。

表 1-3　　　　　　1953—1954 年度农村信用合作社业务发展情况　　　　单位：元

年份	股金		存款		放款	
	总额	社均	总额	社均	总额	社均
1953	12012200	1375	59568700	6324	63371600	6727
1954	128779800	1038	506655700	4086	306501100	2472

资料来源：中国人民银行农村金融管理局：《农村信用合作历年发展情况》（1955），中国人民银行总行档案，Y 农金局 1955 - 长期 - 5。

以 1954 年信用社自有股金加存款金额为 287707100 元，平均每社为 2320 元，如把信用部存款余额 4302500 元和信用小组的存款余额 2957200 元加上，则信用合作组织 1954 年保持的资金力量为 294966800 元。[②]

---

① 中国人民银行农村金融管理局：《农村信用合作历年发展情况》（1955），中国人民银行总行档案，Y 农金局 1955 - 长期 - 5。

② 中国人民银行农村金融管理局：《农村信用合作历年发展情况》（1955），中国人民银行总行档案，Y 农金局 1955 - 长期 - 5。

新中国成立后建立的农村信用合作社，一方面是群众自己的合作金融组织，吸收了农村中的闲散资金，再按照政策和社员群众的需要贷放出去，以促进农业、手工业生产的发展，解决农民日常生活困难。另一方面又和国家银行的农村金融机构组成统一的农村金融网，在国家银行领导下，根据国家金融政策进行业务活动，向农村高利借贷作经济斗争。信用合作社的建立并开展业务活动，与农民的金融联系逐渐趋于密切，在农民各种借贷来源中的比重呈上升趋势，部分替代了私人之间借贷。如据湖北、湖南、江西三省 10 个乡的调查，1952 年、1953 年在农民借贷款项来源中，信用社所占比重分别为 7.18%、26.73%；广东 7 乡，1952 年、1953 年在农民借贷来源中，信用社所占比重分别为 7.01%、10.60%。[①]又如江西省余干县，1951—1954 年，在农民借贷来源中信用社所占比例分别为 0.7%、24.6%、25%、35%。[②] 另据河南省 26 个村的调查，1951—1953 年，在农民借贷来源中农村信用社所占比重分别为 12.71%、7.41%、11.45%（其绝对数较 1951 年增加 26.6%）。[③]

同时，由于信用社的利率一般稍高于银行利率，并参照当地的自然利率，但比农村私人借贷的利率要低，随着业务开展，利率呈下降趋势。从全国来看，如表 1 - 4 所示。

表 1 - 4　　　　　1953—1954 年农村信用合作社存贷利率变化情况

年份	放款利率			存款利率		
	高	低	一般	高	低	一般
1953	4 分	4 厘	2.2 分	3 分	3 厘	1.2 分
1954	2 分	5 厘	1.5—1.8 分	2.2 分	3 厘	6 厘—1.2 分

资料来源：中国人民银行农村金融管理局：《农村信用合作历年发展情况》（1955），中国人民银行总行档案，Y 农金局 1955 - 长期 - 5。

由于信用社的利率水平较农村私人借贷的正常利率水平低，一定程度

---

① 中共中央中南局农村工作部：《中南区 1953 年农村经济调查统计资料》（1954 年 7 月），湖北省档案馆，SZ - J - 517。

② 中国人民银行农村金融管理局：《农村信用合作历年发展情况》（1955），中国人民银行总行档案，Y 农金局 1955 - 长期 - 5。

③ 河南省农村工作部经济调查办公室：《河南省农村经济调查报告》（草稿）（1954 年 5 月），河南省档案馆，J11 - 1 - 55。

上对农村私人高息借贷产生了冲击,带动了农村私人借贷利率水平的下降,致使私人借贷中的借贷形式发生了变化,即高息借贷呈下降趋势,低息借贷和互助性质的无息借贷逐渐增加。如中国人民银行总行对全国各地的典型调查材料,如表1-5所示。

表1-5 农村信用合作社建立前后私人借贷利率下降典型调查情况

省	县	乡(村)	建社前(1953年)利率	建社后(1954年)利率	下降(%)
山西	左云	朱家窑	10分	无利	100
	左云	南八里村	4.2分	1.9分	54.8
河南	济源	三十五社区	8分	2分	75
	新乡	苗庄村	12分	3分	75
安徽	合肥	市郊	5分	2.5分	50
	当涂	平晓乡	5分	2.5分	50
	肥西	两村口、源头2村	20分	3分	85
	凤台	王大郑子选区	10分	3分	70
	滁县	徒当乡	10分	3分	70
湖南	新化	文川乡	15分	3分	80
吉林	扶余	仁安乡	7分	3分	57.3

资料来源:中国人民银行农村金融管理局:《总行关于私人借贷及高利贷情况的综合材料及各地典型调查》(1955),中国人民银行总行档案,Y农金局1955-长期-5。

在农村合作社建立后当地私人借贷利率发生了很大程度下降。从对其他几个省份典型调查看,在建立了信用合作社的地区,私人借贷利率也呈下降趋势。如山西左权县寒王镇未组织信用合作社前,私人借贷月息8分,信用社成立半年后,就逐渐降低到2分;武乡县上广志、壁唐等村已使绝大部分私人借贷利息接近信用社的利息。① 又如陕西宝鸡县文厂乡的调查,1952年有高息借贷者9户,贷款年均余额120余元,利率20%—50%,1953年增为18户,贷款年均余额500余元,1953年信用社成立后,先后帮助42户贫困农民还高利借贷823元,有力打击了高息放贷,

① 《我省农村信用合作社事业大发展 已有近千个信用合作机构》,《山西日报》1952年6月4日第2版。

目前已无高息放贷者了。① 长沙县草塘乡，建社后（1954 年）私人借贷利率由过去的月息 2—4 分降到月息 2 分以下。② 江西省余干县，1951—1954 年随着信用合作社的发展，农村私人借贷的利率不断下降，一般高息借贷利率（月息）由 1951 年的 30% 下降到 1954 年的 10%，互利性质的一般借贷利率由月息 1.5% 下降到 1.2%。与此同时，农村私人借贷中高利借贷所占比重也由 1951 年的 86.46% 下降到 1954 年的 25.71%。③ 浮梁县益田乡，自 1952 年信用社成立以来，私人借贷利率由 1952 年最高的月利 6% 降至 1954 年最高月利 4%。④ 吉安县淇塘乡，自 1952 年 5 月成立信用社以来，高利贷（以月利超过 5% 为界限下同）的变化情况是：1953 年放青苗每担 3.8—4 元，现金月利为 15%，1954 年放青苗每担 4—4.5 元，现金月利 10%，1955 年现金月利 10%，总趋势是随着信用社的发展而下降。据乐家庄全村 66 户调查，1953 年借高利的有 21 户，占全村总户数的 31.85%，借青苗 43 担，高利贷 170 元以上；1954 年借高利的 13 户，占全村总户数的 19.6%，借青苗 12 担，高利借贷 90 元左右；1955 年借高利的户数 5 户，占全村户数的 7.57%。⑤ 又如据广东省 4 县 12 个信用社的调查，凡已建立了社的乡，高利借贷则大大减少甚至完全消灭。如龙川县富围乡 1952 年春荒全乡共借猪肉 410 斤，1953 年 1 月组织信用社后没有人借猪度荒，完全消灭了高利借贷。汤湖乡中塘村 1952 年未建社前全乡 120 户，借高利的有 30 多户，共借出猪肉 400 多斤，1953 年信用社成立后，只借过 10 担谷，完全没有借猪肉的了。⑥

由于农村信用合作社是农民自己的信用合作组织，农村信用合作社的发展并展开业务，对促进农业生产和副业、手工业发展，对帮助和解决农

① 《陕西省农村调查》，《八个省土地改革结束时到 1954 年的农村典型调查》，山西省档案馆，21 - 8 - 1 - 2。

② 湖南省省委农村工作部：《关于长沙县草塘乡经济情况调查材料》（1955），湖南省档案馆，146 - 1 - 166。

③ 中国人民银行农村金融管理局：《农村信用合作历年发展情况》（1955），中国人民银行总行档案，Y 农金局 1955 - 长期 - 5。

④ 江西省省委调查组：《浮梁县益田乡调查报告》（1955 年 10 月），江西省档案馆，X006 - 2 - 11。

⑤ 江西省省委调查组：《吉安淇塘乡典型乡社的调查报告》（1955），江西省档案馆，X006 - 2 - 11。

⑥ 华南分局农村工作部第三处、广东省人民银行农金科调查组：《台山、龙川、中山、南海 4 县 12 个信用合作社情况的调查综合报告》（1954 年 1 月），广东省档案馆，204 - 5 - 39。

民生活困难具有重要的作用。

据调查，1954 年上半年，山西省 2762 个信用合作社发放贷款 465 万元，计帮助购买牲口 13000 多头、各种肥料 426 万斤、种子 44 万斤、牲口饲料 34 万斤、大小农具 17200 余件、大车 1700 余辆、猪牛 9000 余头，并解决了 24000 余户贫困农民的口粮、疾病等困难。① 又据山西省 12 个信用社调查，1954 年贷款中，用于生产的占 58.5%，用于生活的占 41.5%。从作用看，以鹿家庄乡社为例，两年半以来，这个社通过贷款扶持群众购买和调换牲口 120 头，修理和购买大车 72 辆、水车 3 部、新式步犁 6 张，修建水井 5 眼，其他农具 373 件，买化学肥料 3217 斤、杂肥 5200 担等；还帮助 235 户解决了修房、看病等生活困难。②

在湖北，据湖北省农村工作部 1955 年 7 月对 9 个乡 9 个信用社（4 个社是 1952 年土改后建立的，5 个社是 1953 年统购统销后建立的）的调查，参加信用社的农户共计 1801 户占调查总户数 2787 户的 66.17%。合作社建立后，结合生产季节，根据社员需要积极开展了业务活动。据 9 个乡调查区的统计，存款累计 6707 元，余额 2306 元，放款累计 9321 元，余额 5319 元，通过贷款业务，支持了社员生产和解决了社员生活困难。③ 据将台付湾等 5 个乡的不完全统计，贷款总户数为 1505 户，占社员总户数 83%，贷款总额为 24222 元，其中农业生产贷款 7149 元占贷款总额 29.52%，计购买肥料（折饼）86393 斤，耕牛 57 头，种子 15197 斤，农具 217 件；生活贷款 15687 元占贷款总额 64.76%，帮助 864 户社员购买粮食 139071 斤，贷款 955 元帮助 89 户社员医病，贷款 924 元解决 31 户社员婚丧困难，贷款 573 元帮助 16 户社员修建房屋；副业贷款 1385 元占贷款总额的 5.72%。④

在湖南，如长沙县草塘乡信用社于 1954 年 3 月成立，当年就贷出 2789 元，其中贷款 1566 元，帮助 170 户解决了全部或部分种子、肥料、

---

① 中国人民银行农村金融管理局：《四年来信用合作社工作报告》（1954 年 9 月 10 日），中国人民银行总行档案，Y 农金局 1954－长期－2。

② 《山西省农村调查》，《八个省土地改革结束时到 1954 年的农村典型调查》，山西省档案馆，21－8－1－2。

③ 湖北省委农村工作部：《湖北省十二个典型乡调查统计表》（1955），湖北省档案馆，SZ18－1－154。

④ 湖北省农村工作部：《孝感、浠水、江陵、当阳和谷城等县信用合作社情况调查表》（1955 年 7 月），湖北省档案馆，SZ18－1－161。

农具、耕畜、饲料等困难；贷款 507 元，帮助 58 户购进和饲养了 60 多头生猪；贷款 706 元，帮助 89 户修建房屋，买进口粮，治好疾病，或讨进老婆，料理了丧事。[①]

江西吉安县淇塘乡，该乡信用社于 1952 年 5 月成立，至 1954 年 6 月入社户数共有 233 户，占全乡总户数的 61.97%，有 585 股，每股 2 元。在 1953 年 7 月至 1954 年 6 月一年间共发放生产、生活贷款 118.50 元，解决了 23 户农民的困难，其中贫农贷款户数占贷款总户数的 78.26%，占贷款总数的 80.38%，中农占贷款总户数的 21.74%，占贷款总数的 19.62%。其中耕牛贷款占 12.96%，肥料贷款占 10.54%，种子贷款占 4.03%，其他（生活、副业等）占 72.47%。[②]

在广东，据 1954 年对台山、龙川、中山、南海 4 县 12 个信用合作社调查，其中 11 个社统计，共贷出贷款累计 142270 元，其中生活贷款 42908 元，生产贷款 65016 元，副业贷款 11514 元（分类统计缺两个社数字）。龙川县五顶社 1952 年 9 月成立至 1953 年年底共贷出 18631 元，帮助当地农民购买了耕牛 25 头，肥料 4400 多斤及许多大小农具；1953 年春荒时组织该社农民到江西挑牛骨，既解决了群众生活困难又解决了肥料问题。此外，信用社又贷给朱仙富互助组 30 元购买耕牛，使互助组不致因缺耕牛而耽误生产。台山半侨半农区青山社 18 个月来共贷给社员 11000 多元，不仅解决了群众生产生活困难，且经常有 3000 元存入国家银行。较坏的社如龙川汤湖社，自 1953 年 2 月成立至 1953 年年底共贷出 3896 元，贷款农民共 254 户（占该乡总户数的 37%），其中贷款买耕牛 16 户，养猪 67 户，购买农具 4 户，医病、埋葬、生育 34 户，挑担、烧石灰等 119 户。其他各社贷出款数解决群众困难比汤湖社更大。[③]

从上述各省农村信用社调查情况看，随着信用社的建立及业务的开展，确实解决了农民生产、生活上的诸多困难。尤其是农民日常生活中的口粮、房屋修建以及婚丧嫁娶等借贷需求，信用社都给予了一定程度解决。

---

① 湖南省委农村工作部：《关于长沙县草塘乡经济情况调查材料》（1955），湖南省档案馆，146 - 1 - 166。

② 江西省委农工部：《吉安县淇塘乡农村经济调查总结》（1954 年 8 月 5 日），江西省档案馆，X006 - 2 - 3。

③ 华南分局农村工作部第三处、广东省人民银行农金科调查组：《台山、龙川、中山、南海 4 县 12 个信用合作社情况的调查综合报告》（1954），广东省档案馆，204 - 5 - 39。

新中国成立初期，农村信用合作社的建立和发展，尽管由于力量弱小，存在诸多不足，但它在农村金融网中不仅增加了农村资金，对抑制高息借贷发挥了重要作用，而且还是新中国乡村借贷关系转型与现代化的重要标志。与民国时期的农村信用合作社比较，此时建立的信用合作社的主要不同点在于：其一，发展动力上，不再主要是由自上而下的力量所推动，而是自下而上与自上而下多种合力推动的结果。其二，资金来源上，不再仅仅依靠银行等外部资金注入，很大程度上其资金更多地来源于农民存款、股金。其三，放款对象上，由于民国时期合作社不是由农民积极参股，未实行民主管理，多数合作社被地主、富农、保甲长、豪绅把持，因此，合作社的农贷资金绝大部分被少数几个人瓜分，绝大多数贫苦农民得不到或者只能得到微乎其微的农贷资金。与此相反，新中国成立后，信用合作社由于领导力量掌握在以中农、贫农为核心的劳动群众手中，其借贷活动更能惠及广大的劳动群众。其四，贷款用途上，此时的信用合作社贷款不仅用于农业生产经营，还力图解决农民的生活困难。

在中国乡村借贷体系中，传统的私人借贷始终处于主导地位，农村信用合作社的建立和发展逐渐打破了这种格局。在中国共产党和人民政府领导下组织起来的信用社，与国家银行的农贷以及传统的农村私人借贷构成了三个层次的农村金融体系，向农户提供了多层次金融供给。一方面，它是群众自己的合作金融组织，吸收了农村中的闲散资金，再按照政策和社员群众的需要贷放出去，促进农业、手工业生产发展，解决农民日常生活困难；另一方面，又和国家银行的农村机构组成统一的农村金融网，它在国家银行的领导下，根据国家的金融政策进行业务活动，向农村高利借贷作经济斗争。农村信用合作社的建立和发展毫不讳言有助于改进农户的收入水平。

第二节　发展城乡物资交流、缩小工农产品"剪刀差"及农业税政策

新中国成立初期，提高农民的生产积极性和农业生产力，促进农村经济复苏和活跃，成为恢复国民经济的头等重要大事，中共中央和人民政府还积极开展城乡物资交流、缩小工农产品"剪刀差"、实行有利于农业生

产的农业税等措施以促进农业生产的发展。

一　发展城乡物资交流，活跃农村市场

新中国成立初期，由于战争的长期破坏，水陆交通梗阻，商品流通不畅，农副土特产品购销脱节，严重影响农民发展农业生产的积极性。在交通不便的广大农村地区，常常发生谷贱伤农情形。农民手中的农副产品卖不出去就无法购买他们所需要的生产生活资料，从而无法增加对农业生产的投入。人民政府把发展城乡交流列为1951年财经工作的第一项要点，努力恢复改善交通运输条件，疏通商品流通渠道。在普遍建立和发展国营商业的同时，在农村建立和发展供销合作社，开展农副土特产品购销业务。1949年年底，全国基层合作社社员为10373091人，到1952年年底发展到138206572人，增加了4.6倍；1950年供销合作社收购总额为53868万元，到1952年达到388292万元，增长了6.2倍。①

为了给滞销的农村土特产品打开销路，全国召开了县、省，以至大区级土特产品交流会议，举办了以销售为主的土特产品购销会议，恢复和发展了农村集市、庙会和骡马大会，组织农民开展短距离的物资交流，建立贸易货栈和农民交易所、农民购销服务部，方便农民出售土特产品。由于采取了上述措施，扩大了农副产品购销量。1950—1952年，农副产品购销额，从1950年的80亿元增加到1952年的129.7亿元，增长62.1%，促进了农业生产的发展。

二　缩小工农业产品价格"剪刀差"

新中国成立前，由于国民政府长期滥发纸币造成严重恶性通货膨胀和物价急剧上涨，工农业产品"剪刀差"进一步扩大。如以抗战前7年（1930—1936年）平均指数为100，1950年农副产品收购价格为201.8元，农村工业品零售价格指数为265.9；如以农产品价格指数为100，工农业产品比价指数则为131.8，"剪刀差"明显扩大。人民政府在制止通货膨胀的同时，逐步缩小工农业产品价格"剪刀差"。1952年同1950年相比，农副产品价格提高21.6%，农村工业品零售价格提高9.7%。工农业产品交换差价缩小9.7%，平均每年缩小5%。② 据山西省榆次县陈侃乡1953—1954年的调查，所供应的工业产品的主要生产资料的价格都在降低：解放式水车

---

① 中国社会科学院、中央档案馆编：《1949—1952年中华人民共和国经济档案资料选编》工商体制卷，中国社会科学出版社1993年版，第425、428、429页。

② 农业部政策研究室编：《中国农业经济概要》，中国农业出版社1983年版，第184、190页。

每部由 194 元降为 174.39 元；新式步犁每张由 26 元降为 23.21 元；肥田粉（硫酸铵）每斤由 0.18 元降为 0.161 元。在日用必需品的价格上稍有增减：麦穗牌毛巾每条由 0.57 元降为 0.56 元；煤油每斤由 0.44 元降为 0.42 元；采棉青布每尺由 0.325 元增为 0.325 元；潜水艇火柴每包 0.12 元，没有变化。谷子每斤由 0.0659 元增为 0.067 元；小麦每斤由 0.1088 元增为 0.1103 元；毛猪每斤由 0.29 元增为 0.30 元。以上反映出，在几年物价稳定的基础上，工业产品的价格有了下降，农产品的价格有了上升，使两者之间的差价日益缩小。因而，一般群众反映："货真，价公道。"[①] 另从该省 20 个乡 1953—1954 年工农产品交换情况来看，如表 1-6 所示。

表 1-6　　　　　1953—1954 年山西省 20 个乡工农产品交换金额

年份	出售农副产品金额（元）	购买工业品金额（元）	购买工业品金额/出售农副产品金额（%）	所余金额（元）	所余金额/出售农副产品金额（%）
1953	813430.71	671452.03	82.55	141978.68	17.45
1954	884746.49	716894.30	81.03	167852.19	18.97

资料来源：《山西省农村调查》，《八个省土地改革结束后至 1954 年的农村典型调查》，第 18—19 页，1958 年 2 月，山西省档案馆，21-8-1-2。

由表 1-6 可知，以 1953 年出售农副产品金额与购买工业、农业产品金额均作为 100，则 1954 年的出售农副产品金额增加了 8.77%，即 7135.88 元；购买工业手工业产品金额增加了 6.77%，即 45442.70 元；除购买工业、手工业产品后，所余金额也增加了 1.5%，即 25873.60 元。工农产品价格"剪刀差"的缩小，给农户带来了更多的实惠，提高了农民的收入水平。

新中国成立初期，由于棉、麻、烟等工业原料缺乏，轻纺工业开工严重不足，为了引导农民进行棉、麻、烟等作物的生产，农业部和贸易部根据各地上述作物的生产成本，规定了最低收购价格和棉粮、麻粮、烟粮的合理比价，适当提高了棉、麻、烟等工业原料作物价格，促进了这些工业原料作物的生产，也增加了农民收入。

三　实行有利于农业生产的农业税政策

为了减轻农民负担，人民政府根据"发展生产、保障供给"的总方

---

① 《山西省农村调查》，中共中央农村工作部办公室编：《八个省土地改革结束后至 1954 年的农村典型调查》，第 18—19 页，1958 年 2 月，山西省档案馆，21-8-1-2。

针，改变了过去摊派的办法，根据国家的需要和农民生产发展的具体情况来决定征收公粮的指标数字，执行"种多少田，应产多少粮食，依率计征，依法减免，增产不增税"的公平合理、鼓励增产的负担政策。同时，为贯彻依率计征，做到合理负担，鼓励发展农业生产，实行查田定产，即清查土地田亩，划分土地类别，评定土地等级，确定土地常年产量。对于善于经营、勤耕劳作和改良技术而超过常年产量者，其超过部分，不增加税收。因怠于耕作，其产量不及常年产量者，其应交公粮不予减少。按照受灾程度不同，根据"轻灾少减，重灾多减，特重全免"的原则，制订了减免农业税的办法。此外，还提出了"社会减免"办法，减免范围包括：一是无劳动力或因缺乏劳动力而生活困难的农户；二是遭受意外灾害或有其他原因而交税实有困难的农户；三是遭受战争创伤、敌人摧残严重而生产尚未恢复的革命老根据地；四是少数民族聚居而生活困难的地区；五是交通不便特别贫瘠的地区；六是各省人民政府认为有必要加以照顾的其他地区。一般情况下，减免税额控制在应征税额的 13% 以内，其中"社会减免"占 4%—7%，"灾情减免"占 6%—9%。[1]

1950—1952 年三年中，农业税随农业生产的发展逐年有所增加，但农业税占国家财政收入的比重逐年下降：1950 年为 29.3%，1951 年下降到 16.3%，1952 年更是下降到 14.7%。[2] 自 1953 年起，中央决定三年内将农业税征收总额稳定在 1952 年实际征收水平上，并根据前两年的较大灾情对受灾地区做了较多的减免。1952 年征收 350 亿斤（包括当年夏征和当年秋征，全年税额均折合细粮计算，下同），1953 年征收 323 亿斤，1954 年征收 339 亿斤。如加上省附加和乡自筹部分，则 1952 年为 338 亿斤，1953 年为 351 亿斤，1954 年为 376 亿斤。从农业税正税和省附加、乡自筹的总额占农业实产量（包括粮食作物和技术作物）的百分比来看，1952 年为 13.2%，1953 年为 12.12%，1954 年为 12.79%，虽然在某些地区农民负担存在不平衡的现象，但从全国范围看，农民负担一般不重。[3]

据对山西省 20 个乡的调查，1952—1954 年所缴纳农业税及其他负担

---

[1]　中国社会科学院、中央档案馆编：《1953—1957 年中华人民共和国经济资料档案选编》农业卷，社会科学文献出版社 1991 年版，第 121 页。

[2]　《中国统计年鉴》（1983），第 447 页。

[3]　中国社会科学院、中央档案馆编：《1953—1957 年中华人民共和国经济资料档案选编》农业卷，中国物价出版社 1998 年版，第 58 页。

的情况如表 1 - 7 所示。

表 1 - 7　　　1952—1954 年山西省 20 乡缴纳农业税及其他负担情况

年份	农业税额（市斤）	占应产量的比例(%)	占实产量的比例(%)	占农副业总收入的比例(%)	其他负担（市斤）	占农副业总收入的比例(%)	合计占农副业总收入的比例(%)
1952	1341780	17.10	12.08	10.30	71716	0.55	10.87
1953	2838448	15.89	11.58	10.19	139773	0.50	10.69
1954	2845212	15.56	13.05	11.05	166543	6.47	17.52

注：（1）1952 年只有 12 个乡的数据；（2）1954 年突增的原因是，有些乡村将 1953 年 4% 的平衡代耕粮也挪至 1954 年征收。

资料来源：《山西省农村调查》，《八个省土地改革结束后至 1954 年的农村典型调查》，第 15 页，1958 年 2 月，山西省档案馆，21 - 8 - 1 - 2。

由表 1 - 7 可以看出，在农业税及占应产量的比例上，1954 年与 1953 年比较，仅多 6764 市斤，基本上是平稳定的。1954 年其占实产量的比例高于 1953 年 1.47% 的原因，从调查资料反映的情况来看，是由涝灾减产造成的。

另从各阶层农户的负担水平来看，据山西省 20 个乡的调查，1954 年各阶层农户所缴纳农业税情况如表 1 - 8 所示。

表 1 - 8　　　1954 年山西省 20 个乡各阶层农户缴纳农业税情况

	户数（户）	税额（市斤）	占应产量的比例（%）	占实产量的比例（%）	占农副业总收入的比例（%）
总计	6203	2833214	15.50	13.00	11.00
雇贫农	827	153458	13.12	11.97	11.14
新下中农	1667	633893	14.95	12.63	10.61
老下中农	1768	758954	15.29	11.55	11.50
新上中农	346	193277	17.14	13.73	11.05
老上中农	1115	860291	16.73	13.32	11.54
其他劳动人民	25	1828	16.43	18.07	6.71
富农（含 3 户新富农）	4	3518	12.10	11.80	9.70
过去的富农	238	144437	16.02	14.45	11.80
过去的地主	196	79735	13.20	13.46	12.40
其他剥削者	8	3743	19.22	14.65	4.47

资料来源：《山西省农村调查》，《八个省土地改革结束后至 1954 年的农村典型调查》，第 15 页，1958 年 2 月，山西省档案馆，21 - 8 - 1 - 2。

如表 1 - 8 所示，相对于其他阶层，贫雇农和老下中农的实际税率较低，即缴纳农业税时基本照顾了贫困农户。其他劳动人民实际税率高至 18.07%，超过平均水平的 4.96 个百分点，其实产量低的原因，根据当时的调查资料反映，是由于该阶层农户大多数不种地，而将土地租给别人耕种的缘故。

具体到农户家庭负担情况看，据河北省 3 个村典型农户的调查，1953 年不同阶层的农户农业负担结构如表 1 - 9 所示。

表 1 - 9　　　　1953 年河北省 3 个村典型农户农业负担情况

		成分	农业人口	耕地		常年产量		农业实收入			副业收入	
				亩数	人均	担数	人均	数额	人均	占常产量的比重（%）	数额	人均
阜平县白河村	张文清	上中农	4	9.62	2.41	13.90	3.48	2656	664	137.00	—	—
	赵得祥	上中农	7	10.77	1.54	15.42	2.20	2621	374	122.31	1325	189
	杨德庆	中农	7	6.27	0.89	9.61	1.37	2058	293	154.10	1236	176
	王作高	中农	8	7.32	0.92	9.32	1.17	2216	276	171.10	120	15
	王希庆	下中农	8	10.03	1.25	10.65	1.33	2364	230	154.10	353	44
	范德五	下中农	5	7.53	1.36	10.48	2.10	1764	353	121.10	470	94
	王国仁	贫农	6	4.89	0.82	7.41	1.24	1221	204	118.60	5	0.80
滦县龚庄村	龚立本	富农	3	20.60	6.76	26.64	8.88	6462	2154	179.60	—	—
	龚永易	富中	7	39.54	5.60	46.90	6.57	13527	1932	217.00	5400	771
	龚发天	富中	5.5	28.83	5.24	38.55	7.00	6252	1317	120.00	—	—
	龚岳永	中农	8	37.80	5.24	46.79	5.84	10097	1212	160.00	1219	152
	龚岳祥	中农	4	15.88	3.92	22.15	5.63	4677	1169	158.70	1350	362
	龚立祥	中农	5	23.84	4.77	34.15	6.83	6577	1315	142.60	1350	270
	龚要章	中农	5	24.40	4.88	37.34	7.57	6410	1282	125.10	1021	204
成安县南刘庄	毛树林	富中	6	40.19	6.69	56.65	9.44	14548	2424	190.00	—	—
	薄文翠	富中	8	32.37	4.05	46.62	5.82	11762	1470	186.00	—	—
	王文会	上中农	6	27.32	4.55	37.73	6.28	9453	1576	185.00	—	—
	王义	上中农	10	44.81	4.48	61.62	6.16	14952	1495	179.00	—	—
	刘芳	中农	5	25.48	5.10	36.22	7.24	8236	1647	168.00	—	—
	高廷贵	中农	7	27.00	3.86	36.88	5.27	9618	1374	193.00	—	—
	刘福林	下中农	2	7.73	3.87	10.77	5.39	2154	1077	147.00	—	—
	朱维藩	贫农	5	15.62	3.12	22.86	4.57	3820	764	123.00	—	—
	薄荣贵	贫农	5	11.48	2.30	15.40	3.08	3689	740	177.00	—	—

续表

农业负担		
税额	占常产量的比重（%）	占实产量的比重（%）
292	15.10	10.90
248	11.60	9.50
74	5.50	3.60
39	3.00	1.80
216	14.50	9.13
146	10.00	8.27
38	3.90	3.30
662	18.30	10.20
1131	17.90	8.40
937	18.00	15.00
1099	17.40	11.00
512	17.20	10.80
826	17.90	12.50
944	18.40	14.70
1569	20.51	10.77
1200	19.06	10.20
981.50	19.27	10.38
1640	19.72	10.97
970	19.84	11.77
926	18.60	9.62
275	18.91	12.76
555	16.98	14.52
329	15.82	8.89

注：1. 耕地以亩为单位计算；常年产量以谷担为单位；其他各项以谷斤为单位。2. 农业负担包括代耕粮及其他附加。

资料来源：《河北省农村经济情况典型调查资料》，河北省财政厅编印，1955 年 1 月 9 日，河北省档案馆，F327 - 2 - C2。

从表 1 - 9 可以看出，农户农业负担以常产量为基数征收，"土改"后，随着农业生产的发展，农户收入有了增加，但农业负担并没有随之增加，从而对调动农户发展农业生产的积极性有一定的促进作用。从负担占常产量的比重来看，从富农到贫农依次递减，基本是符合实际情况和规律的。因富农、富裕中农、上中农占有的土地多，产量多，负担比重较大；中农和贫农占有土地量少，产量也少，负担负担比重也小，但相差也是有限的。从各不同地区农民负担占常产量的比重来看，以棉产区成安县南刘庄为最高，其次为一般产粮区滦县龚壮庄村，贫困山区阜平县白河村最低。这也符合富庶地区土地好、产量高，负担比重大，贫困地区土地少、产量低，负担比重小的实际情况。从各阶层具体情况来看，实际缴纳负担占实产比重，中农最大，富裕中农次之，富农仅略高于贫农和下中农。原因是富农、富裕中农占有生产资料多、质量好、产量高、收入多，尽管应缴税率比重大，但由于收入高致使实际负担占实产比重降低；中农经营条件不及富农和富裕中农，收入也比他们略低，故实际负担占实际产出的比重较大；贫农实际负担占其实际产出的比重相对较低，是因其收入低并还有部分照顾的缘故。

1955 年，我国农业生产获得丰收，粮食总产量比 1954 年增加了 9%，棉花产量比 1954 年增加了 48%，各种麻类增加了 37%，烤烟增加了 21.3%，糖料作物增加了 1.3%（其中甘蔗减产 6%），油料作物增加了 12.2%。农民的收入一般都比 1954 年增加了。同时，由于农业生产合作社的各种作物的单位面积都显著地超过个体农民（稻谷多产 10%，小麦多产 7%，大豆多产 19%，棉花多产 26%），因此，农业合作社社员收入的增加又较多于个体农民。1955 年度全国农业税征收总额比 1954 年增加了 3.6%，比 1952 年增加了 7.1%，原因是附加比例稍有提高。随着农业生产的发展和农民收入的增加，1955 年全国农民的农业税负担占农业收入的比例，同 1954 年相比较，仍然有所降低。1954 年农业税（含地方附加）占农业实产量的比例为 12.43%，1955 年降低到 11.54%。但各地的具体情况也存在一定的差异，从当时的调查资料来看，1955 年各地农业生产合作社的负担率（农业税占农业产量的百分比，下同）一般是 10%—12%，少数是 1% 或 15%；个体农民的负担率一般是 10%—15%，少数为 7% 或 19%。在农业生产合作社中，一般是平原粮区社负担率较高；而城市郊区以种植蔬菜为主的社，负担率最低。[①]

---

① 《1955 年农村经济与农民负担调查资料汇集》，中华人民共和国财政部农业税司编印，1957 年 12 月，河北省档案馆，F325.7 - 2 - C2。

第三节　农业技术改进的措施及绩效

　　土地改革完成后，中国成为小农经济的汪洋大海，虽然获得生产资料和部分生活资料的农户生产积极性高涨，但农业生产力落后的状况并没有得到转变。1954 年全国农家调查资料显示，1954 年年末，调查农户户均占有的生产用房 1.04 间、旧式犁 0.61 张、新式犁 0.0093 张、水车 0.11 部、喷雾器 0.0039 架、胶轮车 0.0043 辆、大车 0.096 辆。[①] 同时，国民经济恢复后，国家选择了重工业优先发展战略，农业是工业化积累的重要来源，农业生产发展落后，制约了工业化的进程。要从根本上扭转农业生产力落后的局面，还必须在技术方面进行改造。正如毛泽东指出："我们现在不但正在进行关于社会制度方面的由私有制到公有制的革命，而且正在进行技术方面的由手工业生产到大规模现代化机器生产的革命，而这两种革命是结合在一起的。"[②] 换句话说，只有在农业合作化基础上，充分利用现代技术不断提高单位面积产量，并大规模地开垦荒地，才有可能极大地提高农业生产力，也只有在农业生产有了较大程度的发展之后，才能更加显示和充分发挥合作化的优越性。因此，为了解决农户的生产困难，增加粮食产量，缓和工农业发展矛盾，人民政府一方面号召组织各种形式的农业生产合作组织；另一方面通过大力推进农业技术改良作为发展农业的主要措施。

一　农业技术改进的主要措施

　　农业技术改造是一项系统工程，必须切实研究掌握气候、土壤条件和作物生长发育规律，合理实施，才能发挥最大效果。土地改革后，特别是随着互助合作组织的发展、新农具的推广、灌溉设备的增加等生产条件的好转，如何采用和新的条件相适应的农业技术，进一步发挥增产潜力，是摆在党和人民政府面前的一个重要议题。1956 年 1 月 23 日，中共中央政治局提出《1956 年到 1967 年全国农业发展纲要》（草案），其中制定了农

---

　　①　中华人民共和国国家统计局编：《1954 年全国农家收支调查资料》（1956 年 5 月），广东省档案馆，MA07 - 61 - 222。

　　②　毛泽东：《关于农业合作化问题》（1955 年 7 月 31 日），载北京政法学院民法教研室编《中华人民共和国农业生产合作社法参考资料汇编》上册，法律出版社 1957 年版，第 24 页。

业增产的 10 项具体措施：兴修水利，保持水土；推广新式农具，逐步实行农业机械化；积极利用一切可能的条件开阔肥料来源，改进使用肥料的方法；推广优良品种；改良土壤；扩大复种面积；多种高产作物；改进耕作方法；消灭虫害和病害；开垦荒地，扩大耕地面积。此外，《纲要》（草案）第二十八条还规定："加强农业科学研究工作和技术指导工作，有计划地训练大批的农业技术干部。系统地建立、充实和加强农业学研究工作和技术指导工作的机构，例如农业科学院、区域性的和专业性的农业科学研究所、省农业实验站、县示范繁殖农场和区农业技术推广站，使农业科学研究工作和技术指导工作更好地为发展农业生产服务。"[①] 这是中央作出的改造农业技术的重大政策。

（一）建立农业技术推广网络体系

新中国成立之前，全国只有 2000 余名农业技术推广人员。新中国成立之后，在党和人民政府重视下，在积极恢复农业生产的同时，着手建立农业技术推广体系。1950 年前后，因为新式农具推广到农村以后，新的耕作技术跟不上，许多农具没有发挥效能，东北区即在黑龙江省克山、辽西彰武、松江省集贤三县试办了三个农具站，结合指导耕作技术、推广新式农具。后因克山站没有掌握好重点、技术推广跟不上农民需求，彰武站过早实行企业化，也影响了技术传授，只有集贤站推广马拉农具，保证了技术传授，受到群众欢迎。1951 年，东北农业部吸收集贤站经验，以农具为主，结合其他技术的推广，在海伦、讷河增设两站。1952 年发展到85 个站。1952 年 10 月，全国农业工作会议上研究了东北区建立农业技术指导站的经验，决定自 1953 年起，有领导"有计划"有步骤地在各地建立农业技术推广机构。1953 年 1 月，农业部提出的《关于设置技术指导站的意见》指出，技术指导站的设置，"以县为单位，照顾到经济区划的要求设站。人员按每 3 万至 5 万亩耕地一人的原则配备。""一般地区，设置综合性的技术指导站，在畜牧、水产、特产等地区及推广马拉农具地区，设立以该项事业为主，但又兼顾一般农业技术的指导站。""技术指导站应尽先设置在互助合作基础较强、生产领导较健全的地区，以便顺利地开展技术指导工作。"此外，还规定了技术指导站任务，即对农业、畜

---

① 北京政法学院民法教研室编：《中华人民共和国农业生产合作社法参考资料汇编》上册，第 255、259 页。

牧和水产事业进行综合性的技术指导，贯彻各项技术指导方案；推广新式农具，帮助农民学会使用新农具的技术；推广劳模的丰产经验和苏联的先进经验；对农民、牧民、渔民中的生产积极分子，进行短期的技术训练。①

1955 年 4 月，农业部发布《关于农业技术推广站工作的指示》，明确提出农业技术推广站是农业部门总结农民生产经验，推广农业科学技术，帮助农民提高产量、增加收入，促进农业合作化的基层组织，是当地党领导农业生产改进农业技术的助手。"应设在互助合作基础较好，位置适中，自然条件有代表性的乡或村。"② 1955 年 10 月，中共七届六中全会通过的《关于农业合作化问题的决议》，进一步指出，农业部门应该有计划地将农业技术推广站建立起来，使它们成为国家在技术上（如使用新式农具、换用和培养优良品种、改进耕作方法、防治病虫害）援助农业生产合作社的中心。③ 到 1956 年年底，全国共建立 16466 个站，配有干部 94219 人，除边远山区外，基本做到一区一站，平均每站 5—7 人。另外，各地还利用各种形式培养了大批农民骨干，帮助农民建立了一批技术组织并指导他们的活动。④ 至此，农业技术推广体系已具雏形。

（二）农作物品种改良和良种推广

播种优品种是提高农作物单位面积产量的重要因素之一。新中国成立后，1949 年农业部召开的全国农业工作会议即确定以推广良种为增产粮食和棉花的重要措施。1950 年 2 月，农业部发布了《五年良种普及计划草案》，提出了"开展群众选种运动建立品种改良制度，保证五年内完成良种普及计划。"⑤ 此后，在人民政府领导下，各地普遍开展群众性的选种运动，大力推广良种种植面积，取得了一定的成绩。1950 年，从美国引进优良棉种 2000 吨；同年 11 月，农业部发布《建立棉种选育繁殖推

---

① 中国社会科学院、中央档案馆编：《1953—1957 年中华人民共和国经济档案资料选编》农业卷，中国物价出版社 1998 年版，第 343—345 页。

② 中国社会科学院、中央档案馆编：《1953—1957 年中华人民共和国经济档案资料选编》农业卷，出版社第 347—348 页。

③ 北京政法学院民法教研室编：《中华人民共和国农业生产合作社法参考资料汇编》上册，出版社第 82 页。

④ 《当代中国的农作物业》，中国社会科学出版社 1988 年版，第 522 页。

⑤ 中国社会科学院、中央档案馆编：《1949—1952 年中华人民共和国经济档案资料选编》农业卷，社会科学文献出版社 1991 年版，第 264 页。

广制度及五年普及良种计划》；1950 年 3 月召开了全国玉米工作会议，制订了《全国玉米改良计划》；1950 年 8 月，又召开了全国种子会议，决定广泛开展群众性的选种活动，发掘农家优良品种。到 1952 年，全国良种种植面积达到 813.3 万公顷，比新中国成立前扩大了 11 倍。其中棉花优良品种种植面积已占全部棉花种植面积的 50％以上。①

陕西省平原区以前普遍种植"蓝花麦"、"佛手麦"及"302"等小麦品种，这些品种一般抗旱力弱、产量低。关中平原各乡在 1952 年开始先后试种"碧玛一号"，咸阳蒲家乡杨有德试种后，亩产达 330 斤，较 302 号亩产高 90 斤，并证明"碧玛一号"确有粒肥、抗旱、耐冻、茎硬不倒伏等优点。因而在 1953 年该乡"碧玛一号"的种植面积即推广到 35％以上，1954 年已全乡种植，一般较土种增产 20％—90％。棉花良种"517"具有棉絮厚、成熟早、产量高等优点，亦在关中棉区普遍推广。② 又如湖北浠水县望城星星社 1954 年有 85％的水田面积改种了"胜利籼"，58％的棉田改种了"岱子棉"都取得了丰收，当阳县黄林乡建新社由于普遍推广了"金大"、"南大"麦种，使亩产由原来的 140 斤提高到 200 斤，增产 43％。③ 再如据江西省 9 个乡的合作社调查，1954 年，绝大多数合作社改用"南特号"早稻，据赣县吉埠第一社比较，用该种比过去用的"九公鸡"种要增产 10％。④ 到 1957 年，全国良种种植面积达到 8133.3 万公顷，占农作物播种面积的 52％。粮食优良品种的播种面积所占的比重从 1952 年的 4.7％，提高到 55.2％。其中，小麦良种普及率达到 69％，水稻良种普及率达到 63％。棉花优良品种播种面积所占比重从 1952 年的 50.2％，提高到 93.9％。⑤

随着工业化建设快速展开，农业增产任务日益加重，农民迫切需要良种，而农业互助合作组织的逐步发展，国营农场、农业试验研究机构、农业技术推广站的整顿与健全，也给良种繁育推广工作带来了有利条件。鉴于此，1955 年 5 月 19 日，粮食部、商业部、农业部、中华全国供销合作

---

① 武力、郑有贵主编：《解决"三农"问题之路》，中国经济出版社 2004 年版，第 321—322 页。

② 《陕西省农村调查》，《八个省土地改革结束后至 1954 年的农村典型调查》，第 52 页，1958 年 2 月，山西省档案馆，21 - 8 - 1 - 2。

③ 同上书，第 91 页，1958 年 2 月，山西省档案馆，21 - 8 - 1 - 2。

④ 同上书，第 160 页，1958 年 2 月，山西省档案馆，21 - 8 - 1 - 2。

⑤ 《当代中国的农作物业》，中国社会科学出版社 1988 年版，第 459 页。

总社联合发布《加强粮食、棉花、油料作物优良品种繁育推广工作的指示》提出："各地应坚决依靠互助合作组织，大力发动群众选种、留种、评选良种，积极繁育推广现有优良品种，逐步建立良种繁育推广制度。做到有计划地扩大良种种植面积，巩固和提高品种的产量和质量，为促进农业合作化与农业增产，并随着农业合作化和国营农场的发展，进一步用良种和选育机耕所需的品种做准备。"[①]　至于良种的推广方法，《指示》提出，首先以国营农场（专、县农场在内）和农业生产合作社的留种地（田）为推广基地，就地繁殖，进一步推广。对一般农业生产合作社、互助组以及个体农民，均必须坚决贯彻"积极宣传教育，启发群众自愿"原则，通过试种示范，有重点、有计划地由点到面，由近到远，逐步推广；同时组织群众串换，达到普及。随着农业合作化高潮的到来，良种推广面积也随之大大增加，在增加产量和改进品质上均起到了重大作用。如河南新乡秦村营社，1956 年将全社 5492 亩棉田改为"岱子棉"，使得每百斤子棉多出 5—6 斤皮棉，而且棉绒长质量好，每斤可多卖 0.18 元，仅此两项全社即较种"斯子棉"多收入 31000 元，人均增收 12 元。[②]1952—1957 年，全国粮食优良品种的播种面积所占的比重从 4.7% 提高到55.2%。其中，小麦良种普及率达到 68.7%，水稻良种普及率达到62.9%。棉花优良品种播种面积所占比重从 1952 年的 50.2%，提高到93.9%。1957 年，全国农作物播种面积为 235866.4 万亩，其中良种播种面积达到 122233.1 万亩，占农作物播种面积的 51.8%。[③]

（三）改进耕作技术

充分合理利用地力和气候条件，因地制宜改变栽培制度，改进耕作技术，是挖掘农业生产潜力，提高单位面积产量的有效措施。长期以来，由于农业生产力水平落后，耕作粗放，新中国成立后，为了增产粮食，促进农业生产发展，农业部发布了《关于提倡双季稻栽培以增稻产的指示》（1950 年 3 月 20 日）、《关于春麦区引种冬麦的指示》（1950 年 6 月 17日）、《农业部农业生产总局关于南方水稻地区单季改双季、间作改连作、籼稻改粳稻的初步意见》（1954 年 10 月 22 日）等一系列措施促进农业耕

---

①　《1953—1957 年中华人民共和国经济档案资料选编》农业卷，第 355—356 页。

②　《河南省农村调查》，载中共中央农村工作部办公室编《17 个省、市、自治区 1956 年农村典型调查》，1958 年 2 月，第 147 页。

③　农业部计划局编：《农业经济手册》，中国农业出版社 1959 年版，第 306—307 页。

作技术的改良运动。从调查资料来看，主要进行了以下方面的耕作技术
改进：

1. 深耕细作

深耕是改善土壤结构，保持土壤水分，防除杂草及病虫害并为及时播
种创造有利条件与稳定产量的必要措施。1953 年 1 月，农业部发布的
《关于 1953 年推行耕作技术的意见》要求，"有耕地习惯地区在 1952 年
基础上普遍加深耕层五分至一寸。无耕地习惯地区加速消灭不耕地现象。
深耕标准最少不低于三寸五分，条件较好地区耕到五寸到七寸。"① 如前
陕西关中平原区一般连犁带种共三次（秋夏种二次犁一次），因用单套
犁，深度只达二三寸，有的缺乏畜力户及山区的部分土地一次也不犁，谷
子、包谷均系硬槎下种，棉花全不冬耕。田间管理也很粗放，小麦有
"十麦九不锄"，棉花有 "种稠、锄稀、长高、卡低" 的旧习惯。现在农
民翻地已由粗到细，逐步做到合理深耕，咸阳蒲家乡按照 "头遍打破皮，
二遍折断犁，三遍打草犁" 的农谚，推行先浅（三寸）后深（五六寸）
再浅（三寸）的科学做法，目前除个别户外，已全部实行。长安雷村已
基本达到双套深耕，深达四五寸；武功谭寨乡 1953 年用双套犁深耕的还
只占耕地面积的 40%，1954 年已达到 60%。② 又如湖北当阳县一般都打
破了 "犁无三寸土" 的保守说法，该县半月乡先锋社，过去犁地不到三
寸，1954 年有 150 亩田深耕到四寸以上，一般均在三寸以上，同时，水
稻耨了三道脚，棉花也锄过七遍草。③ 再如江西省 9 个乡的调查，犁耙田
次数比新中国成立前多一次，普遍做到了二犁、三耙、一耖，农业社有的
做到了三犁，犁田的深度也比新中国成立前加深了一寸左右。耘禾过去耘
两道，现在耘三道。④

2. 合理密植

"我国大部分地区各种农作物的单位面积上总株数较少，因此必须密

---

① 《农业部关于 1953 年推行耕作技术的意见》（1953 年 1 月 25 日），载《1953—1957 年中
华人民共和国经济档案资料选编》农业卷，第 385 页。

② 《陕西省农村调查》，《八个省土地改革结束后至 1954 年的农村典型调查》，第 51 页，
1958 年 2 月，山西省档案馆，21 - 8 - 1 - 2。

③ 《湖北省农村调查》，《八个省土地改革结束后至 1954 年的农村典型调查》，第 92 页，
1958 年 2 月，山西省档案馆，21 - 8 - 1 - 2。

④ 《江西省农村调查》，《八个省土地改革结束后至 1954 年的农村典型调查》，第 155 页，
1958 年 2 月，山西省档案馆，21 - 8 - 1 - 2。

植，适当增加播种量及单位面积的总株数，以充分利用地力，提高产量。"[1] 陕西平原区原种小麦行距一般一尺，山区播种多采用"一把撒"、"满天星"，棉花是"双株稀植"，播种谷子群众流传有"稠了好看，稀了吃饭"，包谷根据"斜一蹳，顺一蹳，一亩只留一千苗"（行距二尺五寸）的老习惯留苗。土改后，经过党和政府积极倡导，积极分子和先进互助组、农业社带头示范，合理密植的科学技术得以逐渐推广。1954年长安雷村乡小麦全部改为条播，行距缩短到六七寸，播种量由15斤增至17斤；武功谭寨乡1951年撒播占90%，条播只占10%，1952年即有90%改为条播。小麦播种量：1952年每亩10斤，1953年每亩13斤，1954年每亩14斤。玉米株数：1952年每亩1300—1400株，1954年增加到1500—1700株。南郑双庙乡水稻推行密植，至1954年已有60%的水田将窝行距一尺至一尺五寸尺改为八寸。[2] 沔阳县胡场乡一社，1955年有98.3%的水稻是密植，比1954年增加了85%，棉花条播由1954年的36亩扩大到1955年的83亩，占93%。襄阳县前进、双堰两社进行了包谷双株密植，比往年增产30%—40%。[3]

3. 复种、套种

在南方稻区，耕作栽培制度进行了单季稻改为双季稻、间作稻改连作稻、籼稻改粳稻的改革。1954—1956年，基本把间作稻改成了连作稻，不少地方还将一季稻改成双季稻。湖南、江西两省，1954年双季稻播种面积仅占稻谷总播种面积的22.9%，1956年增加到52.3%。福建、广东、广西三省双季稻也由1954年的57.8%上升到1956年的69.8%。[4] 到1956年，全国单季稻改双季稻比1956年增加3216.8万亩，间作稻改连作稻增加700.2万亩，籼稻改粳稻增加1110万亩，三项改革总面积超过1953—1955年改制面积总和的三倍，共增产粮食45亿—50亿斤，加上旱改水1590万亩，共增产粮食60多亿斤，约相当于1956年粮食增产总数

---

① 《农业部关于1953年推行耕作技术的意见》（1953年1月25日），载《1953—1957年中华人民共和国经济档案资料选编》农业卷，第386页。

② 《陕西省农村调查》，《八个省土地改革结束后至1954年的农村典型调查》，第51—52页，1958年2月，山西省档案馆，21－8－1－2。

③ 《湖北省农村调查》，《八个省土地改革结束后至1954年的农村典型调查》，第91页，1958年2月，山西省档案馆，21－8－1－2。

④ 《当代中国》丛书编辑委员会编：《当代中国的农作物业》，第82页。

的 1/3。[①] 在华北平原地区发展玉米与小麦、玉米与马铃薯的间作套种，增加玉米播种面积，促进了玉米生产的发展。1956 年，全国玉米种植面积扩大到 1766.2 公顷，比 1952 年增长 40.6%，总产量达到 2305 万吨，比 1952 年增长 36.8%。[②]

（四）改进作物病虫害防治措施

长期以来，由于农业生产力水平落后，农作物病虫害的防治主要以传统人力土法为主。土改后，人民政府贯彻"防重于治"的方针，重点开展了稻蝗、稻螟虫、小麦锈病及赤霉病等农作物病虫害的防治工作，逐步在农村推广药械防治病虫害。

在 1952 年全国治蝗座谈会提出的由人力为主改为药剂为主方针下，全国建立了 23 个防治站，培训了 5 万多农民侦察员、机械手。1955 年蝗虫发生面积 117.3 万公顷，用药防治面积 86.5 万公顷，新疆、河北、天津等地飞机治蝗 6.7 万公顷，使千年蝗害得到了有效控制。对水稻螟虫的防治，1954 年开始实行四季治理，在南方主要稻区建立稻螟观察区，在螟虫发生区建立治螟示范区。1957 年又推广农业防治与药物相结合的方法，"栽培避螟"和药物防治并重的办法，当年防治面积达 1200 万公顷，螟害率由过去的 10%—20% 下降到 5%—10%。对小麦锈病采取组织育种、栽培和植保多学科联合攻关，培育出抗锈品种，控制了锈病的蔓延和危害。1957 年全国农作物病虫害防治面积 467 万公顷，比 1952 年增长 4 倍。[③] 又如陕西关中平原区小麦吸浆虫，自新中国成立前已连续危害 9 年之久，受害小麦平均亩产减少 100—200 斤，棉花的蚜虫、红蜘蛛、盲椿象、陕北山区的蛤谷虫、路虎，陕南的稻苞虫、玉米螟、黄锈病等都使作物受到不同程度的危害。在党和政府的领导下开展了防治工作，长安雷村乡 1953 年组织了 123 个治虫小组，减轻了小麦吸浆虫的危害。武功县谭寨乡谭北街，1953 年全村购进"六六粉"药粉 100 斤，1954 年 140 斤，1955 年达到 180 斤，基本防治了小麦吸浆虫、红蜘蛛及秋地蝼蛄、稻田蚂蚱等主要虫害。据米脂县杜家石沟农业生产合作社的调查，1953—1954

① 《农业部关于水稻改制技术经验交流座谈会的报告》（1957 年 4 月 19 日），《1953—1957 年中华人民共和国经济档案资料选编》农业卷，第 404 页。

② 《当代中国》丛书编辑委员会编：《当代中国的农作物业》，中国社会科学出版社 1988 年版，第 136 页。

③ 同上书，第 502、503 页。

获得了从未有过的丰收，平均亩产量达到1009斤。[①] 又如辽宁3个乡的调查，1956年打井256眼，修水库4处，开渠修堤24处，这些工程可保证3000余亩地的用水，平均每亩可增产30%以上，共计可增产粮食90多万斤。[②]

除以上改进农业生产技术措施外，在各级人民政府带领下，各地还大力推广马拉（牛拉）双轮双铧犁及其他新式农具，增加耕作效率；繁殖耕畜，改良畜种，防止畜疫；推广化肥等，在此不再一一赘述。以上措施的推行促进了农业生产发展和农作物产量增加，对支援工业化发展，提高农民收入水平发挥了积极的作用。

二　农业技术改进的绩效

上述农业技术改进活动，对提高农业生产效率、增加农户收入、推进中国农业现代化起了重要作用。

（一）农产品总产量和单位面积产量提高

1952—1957年全国主要农作物生产情况如表1-10所示。

表1-10　　　　　1952—1957年全国主要农作物生产情况

	1952年			1953年			1954年		
	播种面积	每亩产量	总产量	播种面积	每亩产量	总产量	播种面积	每亩产量	总产量
稻谷	42573.4	321.5	1368.5	42481.7	335.5	1425.4	43082.7	328.9	1417.0
小麦	37169.7	97.5	362.5	38454.0	95.1	365.6	40451.4	115.4	466.7
薯类	13031.6	250.6	326.5	13523.7	246.3	333.0	14671.4	231.5	229.6
杂粮	75674.4	136.2	1030.4	76952.6	131.8	1013.9	76306.3	129.1	985.4
棉花	8363.6	31.2	2607.4	7770.0	30.2	2349.5	8193.0	26.0	2129.8
大豆	17519.1	108.7	190.4	18543.0	107.1	198.6	18980.6	95.7	181.6
稻谷	43760.1	356.6	1560.4	19967.8	330.1	1649.6	48361.7	358.9	1735.5

---

① 周俊鸣：《在全国农业、水利先进工作者会议上的报告》（1956年6月17日），载《1953—1957年中华人民共和国经济档案资料选编》农业卷，第673页。

② 《辽宁省农村调查》，《17个省、市、自治区1956年农村典型调查》，第29页。

续表

	1952 年			1953 年			1954 年		
	播种面积	每亩产量	总产量	播种面积	每亩产量	总产量	播种面积	每亩产量	总产量
小麦	40108.5	114.5	459.3	10907.9	121.3	496.0	41312.6	114.4	472.8
薯类	15080.8	250.6	337.9	16487.7	265.1	437.0	15742.1	278.5	438.4
杂粮	78646.7	139.7	1098.5	79076.1	135.0	1067.8	75910.9	138.8	1053.4
棉花	8659.1	35.1	3036.8	9383.4	30.8	2890.3	8662.9	37.9	3280.0
大豆	17162.6	106.3	182.4	18069.9	113.3	204.7	19122.3	105.1	200.9

注：播种面积单位为万市亩，每亩产量为市斤；总产量棉花为万市担，其他为亿市斤。

资料来源：农业部计划局编：《农业经济手册》，农业出版社 1959 年版，第 99—103 页。

从表 1 - 10 可以看出，1952—1957 年，稻谷、小麦、薯类、杂粮、棉花、大豆等主要农作物总产量在波动中呈增长趋势。按照 1952 年不变价格计算，1953—1957 年，全国农业总产值环比增长速度分别为 3.1%、3.4%、7.6%、5.0%、3.6%；同期，人均粮食占有量分别为 568 市斤/人、563 市斤/人、599 市斤/人、614 市斤/人、603 市斤/人[1]，说明当时实施的农业技术改进措施取得了一定成效。但这也说明，农业生产的增长还是不稳定的，农业靠天吃饭的基本格局还未得到根本的转变。如 1956 年虽然国家不断追加农业投资[2]，使得农用物资供应出现紧张，但由于当年自然灾害严重和合作化过急两个因素影响，粮食产量仅比 1955 年增长 4.4%，棉花产量反比 1955 年下降 4.8%。

粮食总产取决于面积和单产两个因素，由表 1 - 10 可得，1953—1957 年，全国稻谷、小麦、薯类及杂粮等粮食作物合计总产量分别比上年增长 1.6%、2.3%、9.0%、4.4%、1.1%，同期，上述粮食作物总的播种面积分别比上年增长 1.8%、1.8%、1.8%、5.0%、- 2.7%。显然，粮食作物总产量的平均增速要大于其播种面积，那么粮食总产量的增加只可能

---

[1] 《1953—1957 年中华人民共和国经济档案资料选编》农业卷，第 1142、1144 页。

[2] 1956 年农贷总额比 1955 年增长两倍多，超过前三年总和，而当年的还贷率仅为 45%，低于 1955 年的 75%。参见刘国光主编《中国十个五年计划研究报告》，人民出版社 2006 年版，第 98 页。

取决于单产的提高。如表 1 – 10 所示，1952—1957 年，各类粮食作物的单产尽管有所波动但总体上亦呈不断增长的态势，在单产增加的基础上，促进了粮食总产量的不断增长，这也表明当时农业技术改进是富有成效的。从更长时期粮食增产情况来看，据研究，1949—1995 年中国粮食总产量增产率变动趋势如表 1 – 11 所示。

表 1 –11　　　　　　1949—1995 年中国粮食综合增产率变化趋势

序列区间	1949—1955 年	1950—1960 年	1960—1970 年	1965—1975 年	1975—1985 年	1985—1995 年
综合增产率	7. 3501	0. 6465	4. 8712	3. 6063	2. 6932	1. 9103

资料来源：转引自党安荣等《中国粮食生产发展的时序变化研究》，《地理研究》1998 年第 3 期。

表 1 – 11 反映了粮食总产量的定量变化趋于逐年减少，1949—1955 年的粮食总产量的综合增产率最高，从而说明在耕地面积相对稳定及落后生产力水平之下，农业技术改进对粮食产量增加的积极作用。

（二）农民收入水平提高，生活不断改善

1950—1956 年，国家对水利基本建设拨款共达 30.7 亿多元（折合为新币，下同），用于推广优良品种、新式农具、提高农业技术及病虫害防治的经费达 12.8 亿多元[1]，通过大量投资促进了农业技术改进和农产品产量增长，农民理应是直接受益者。据统计，1952—1957 年，仅农民人均货币收入分别为 26.8 元、31.5 元、33.9 元、33.4 元、38.3 元、36.8 元。[2] 农民收入水平不断增长，也促使其消费水平不断提高，1952—1957 年农民人均消费品购买力分别为 62.4 元、68.7 元、70.0 元、76.3 元、77.5 元、79.0 元。[3] 从国家对农民生活资料供应的情况看，1956 年与 1950 年相比，棉布、胶鞋、食盐、香烟、糖、煤油分别增加了 1.9 倍、2 倍、1 倍、1.4 倍、2.7 倍、11 倍，这种增长直接反映了农民生活的显著改善。[4]

---

[1]　谭震林：《关于我国农民收入情况和生活水平的初步研究》（1957 年 4 月 20 日），《1953—1957 年中华人民共和国经济档案资料选编》农业卷，第 1146 页。

[2]　国家统计局：《中国商业历史统计资料汇编》，1963 年 8 月。

[3]　国家统计局国民经济平衡司编：《国民收入统计资料汇编（1949—1985）》，中国统计出版社 1987 年版，第 24 页。

[4]　谭震林：《关于我国农民收入情况和生活水平的初步研究》（1957 年 4 月 20 日），《1953—1957 年中华人民共和国经济档案资料选编》农业卷，第 1146 页。

　　土改后，农村消灭了封建土地制度，但从农业经济本身看，土地改革既不是农业生产力本身质的变化，也不是因农业生产力发展而引起的变革。虽然农民在政治上和经济上翻了身，但小农经济的脆弱性和不稳定性依然没有改变，无法抗拒自然灾害带来的风险。因此，需要从制度和技术两个层面对小农经济进行改造。从制度层面来讲，最基本的就是建立各种经济社会组织，为农民提供组织资源，使其从原来一家一户的个体生产、分散经营状态，向以组织为依托的商品化、专业化和社会化经营过渡，这样一定程度就可以避免农业成本和技术投入的潜在风险。就技术层面而言，一方面，要求引进新农业生产要素，利用现代的农业技术手段逐步取代传统人力和畜力耕作方式，实现从传统农业向现代农业的转变；另一方面，要加强对农民进行人力资本投资，提高农民的素质，更好地接受这种转变。

　　当时中国的农业技术改进活动并不是一个孤立过程，而是与农业集体化运动、农民扫盲运动紧密联系在一起的，农业技术改良主要是通过合作社这一载体向农村输入先进的生产技术和生产工具，同时通过扫盲运动提高农民的文化素质，这样不仅提高了农业生产的效率，增加了粮食产量，改善了农民生活，缓和了工农业发展矛盾，而且使中国农村在现代化道路上迈进了一步。

　　然而，正是由于新中国的农业技术改良活动是伴随着农业集体化进程而开展的，农业集体化运动过程中要求过高、急于求成等不切实际的做法必然对农业技术改良运动产生一定负面影响。在改进技术过程中，有的地方盲目推广籼稻改粳稻。如湖南、湖北等省，从东北调去大批青森5号粳稻种子，未经试验就贸然大面积推广，造成大部分减产，成为农业战线的"青森5号"事件。另外，在推广双轮双铧犁时，因计划过大，造成积压。① 有些地方在推广双季稻时，对于当地的土质、气候是否适宜，肥料种子是否具备，劳动力是否够用，增加双季稻是否影响其他作物等问题，缺乏全面考虑，而只是盲目地规定计划，硬性大面积推广，结果有些地方不能完成计划，有些虽然完成了计划，但从经济核算来看得不偿失。有些地区推广旱播密植等，但未认真考虑当地土质气候是否适宜，农民是否学会新的技术，便死搬硬套，贸然推广，结果引起许多损失。② 此类现象各

---

① 《当代中国》丛书编辑委员会编：《当代中国的农作物业》，第26页。
② 中华人民共和国国家农业委员会办公厅编：《农业集体化重要文件汇编》上册，第41页。

地均有发生。

上述脱离实际的做法有些在大规模运动中是难以避免的，有些缺点和错误部分是由于下面干部片面主观、贪多图快所致，但主要的还是由于上级有关部门计划偏大，要求过急所引起的。当然，在发展过程中上述问题不断得到纠正。由此而论，农业新技术的推广一方面需要一定的组织载体，另一方面还需因地制宜地切合农民的需求。

第四节 金融支持政策

资金短缺是制约农业生产和农民增收的"瓶颈"。新中国成立初期，百废待兴，国家在财政异常困难的条件下，仍挤出部分资金用于农贷，促进农业生产发展。同时，还大力提倡民间借贷自由，解决农民生产和生活资金短缺问题。

一 国家农贷

国家农贷是新中国成立初期人民政府扶持和发展农村经济的重要措施之一，是整个新中国经济建设的重要组成部分。新中国成立前夕，由于受政府更迭的影响，国民政府在乡村所推行的农贷消失殆尽。全国解放后，为了恢复和发展农业生产，解决广大农民的生产生活困难，国家银行由于组织系统不完善，而依靠各地行政力量，由县逐级经区、乡、村分配到农户发放一定数额农贷。

1951 年 5 月中国人民银行总行召开第一届全国农村金融会议，会议提出了"深入农村，帮助农民，解决困难，发展生产"的农村金融工作方针，即首先帮助农民推销农副特产品来供给解决农村资金问题；其次举办农贷，解决提高生产以及推销农产品不能解决的问题；然后通过储、保、存款、周转放款等工作，积极组织农村已有资金，依靠农民自己的力量，解决农民日常资金需要的一部分或大部分问题，并借以保障农民生活，扶持手工业和运销帮助保障交换，提高生活水平。为完成上述任务，国家银行在组织机构方面，通过自上而下将国家银行机构推进下一层，以及自下而上广泛组织农业信用合作社工作，在国家银行领导下，互相补充，互相帮助，开展农村金融工作。第一届全国农村金融会议后，农村金融工作逐渐走上规范化、制度化。

土改结束后，为了帮助刚刚翻身的农民预防和克服自然水旱虫灾，解决缺乏肥料、农具、耕牛、种子及开展副业、手工业生产的困难，恢复和发展农业生产，根据农村经济发展的需要和财力的可能，国家银行逐步在农村广大地区开展了农贷工作，并重点举办小型水利贷款，用于挖塘修渠。

（一）1949—1956 年国家农贷发展状况

从全国农贷发放数量看，1950—1953 年上半年，分别为 20868 万元、35489 万元、107550 万元、95976 万元。① 1952—1953 年，中南区发放农贷额分别为 22545 万元、38514 万元。② 在湖北，1952—1955 年农贷资金的指标分别为 1667 万元、5372 万元、8120 万元、9400 万元。③ 由此可见，国家农贷的规模是逐年递增的。

1951 年 5 月举行第一届全国农村金融会议，中国人民银行总行将农村放款（包括县支行一切放款在内）分为两部分，一是农业生产放款，二是一般周转性放款。农业生产放款包括农田、水利、种子、肥料、农具、牲畜、渔业、牧业、农场及各种特产作物的生产放款。农业生产放款由中央有关农业主管部门与总行根据各级政府与各级行反映的情况和初步计划，统筹决定并逐级调拨专款举办。国家农业贷款"必须专款专用不能直接分散给农户，防止用农贷转存，套取利息。"④ 即农业生产放款是不直接对农户贷款，而是贷给地方政府、农业经济管理部门、国营农场及农业生产合作组织等。1951 年颁布的《中国人民银行农业生产放款章程》规定："借款对象以经营上列各种业务或制造有关生产资料之公司企业，各种合作社生产互助组织及农民团体，对积极从事劳动生产之个体农民亦得酌予放款；但对健全之合作社及农民团体得优先贷给。"⑤ 该规定进一步明确农业生产放款的对象，从上述规定不难看出，农贷对象非常广泛，包括生产经营农资的企业、各种合作社（供销合作社、农村信用合作社、

---

① 中国人民银行总行：《三年来农贷发放情况》（1953 年 9 月 29 日），中国人民银行总行档案，Y 农村金融管理局 1953 – 永久 – 6。

② 中共中央中南局农村工作部：《中南区农村统计资料》（1954 年 8 月），湖北省档案馆，SZ – J – 519。

③ 中国人民银行湖北省分行：《湖北省第一个五年计划金融统计资料汇编》（1953—1957 年）（1958 年 12 月），湖北省档案馆，SZ – J – 755。

④ 《第一届全国农村金融会议的综合记录》（1951 年 5 月），《1949—1952 年中华人民共和国经济档案资料选编》金融卷，第 608 页。

⑤ 《中国人民银行农业生产放款章程》（1951），《1949—1952 年中华人民共和国经济档案资料选编》金融卷，第 619 页。

农业生产合作社)、农民团体 (主要是国营农场及各种形式的农业生产互助组织) 以及个体农民等。从互助合作组织与个体农民在农贷中所占比例看,一般是互助比单干多,据全国 4 个省的 1 个专区、3 个县、12 个区、5 个乡、2 个村的典型调查材料,1951—1953 年上半年贷款总数为946272 元,其中互助合作组织占 86.38%,个体农民占 13.62%。① 又如河南省南阳县李河乡 1953 年农贷中,在贷放对象上,组织起来的占85%,单干农民占 15%。② 开封县双庙乡双庙村,1953 年该村增贷到965.84 元,比 1952 年增加了 1 倍,主要是扶持农业生产合作社的发展,仅该社就贷 563 元,占全村贷款的 58%。③ 江西省吉安县淇塘乡,1953 年国家农贷中,两个农业社占了全部贷款的 53.75%,3 个互助组占了全部贷款的 15.28%。④ 信丰县胜利乡,1954 年度银行贷款互助合作组织占70%,未组织农民占 53%。贷款额互助合作组织户均贷入 21.26 元 (含旧欠),未组织农民户均贷入 17.51 元。⑤

一般周转性放款,包括城关及乡村一般短期周转性放款,主要解决农民生产生活困难,放款范围包括农村群众一般生产与生活需要。这种放款对象即为农村的广大农民。

当然,除了国营及地方农林水利放款是针对单位组织外,农贷其他部分最终贷款对象和受益人还是农民 (包括参加各种互助合作组织的农民及个体农民)。1951—1953 年上半年,国家放出的农贷累计总数为 239015万元,其中国营及地方农林水利放款总数为 43707 万元,占 18.28%;对农民的放款为 195308 万元,占 81.72%。又如根据 6 个省中的 4 个县、2个乡、22 个村的典型调查,1950—1953 年上半年贷款总数为 748150 元,其中贫农贷款为 579029 元,占贷款总数的 77.39%,贷款户数为 51657户,户均贷款 11.2 元;中农贷款为 165326 元,占贷款总数的 22.1%,贷

① 中国人民银行总行:《三年来农贷发放情况》(1953 年 9 月 29 日),中国人民银行总行档案,Y 农村金融管理局 1953 - 永久 - 1。

② 河南省委农村工作部:《南阳县李河乡农村经济调查总结》(初稿)(1953 年 12 月),河南省档案馆,J11 - 1 - 61。

③ 开封县双庙乡经济调查组:《开封县双庙乡经济调查总结》(草稿)(1954 年 1 月),河南省档案馆,J11 - 1 - 62。

④ 江西省委农村工作部:《吉安淇塘乡农村经济调查总结》(1954 年 8 月 5 日),江西省档案馆,X006 - 2 - 3。

⑤ 江西省委农村工作部:《江西省信丰县胜利乡经济调查报告》(1954 年 8 月 10 日),江西省档案馆,X006 - 2 - 4。

款户数为 18100 户，户均贷款 9.1 元；其他成分贷款 3795 元，占贷款总数的 0.51%，贷款户数为 205 户，户均贷款 18.5 元。[①] 由此可见，当时的国家农贷主要照顾贫农和中农。

（二）农村各阶层农民农贷情况

根据湖北农村工作部对 12 个乡 3754 户农户的调查，土改后到 1954 年国家农贷发放情况如表 1 - 12 所示。

表 1 - 12　　　　1952 年、1954 年湖北省 12 个乡国家农贷发放情况

阶级成分	1952 年总户数	1952 年银行贷出				1954 年总户数	1954 年银行贷出			
		户数	占贷出总户数（%）	金额（元）	占贷出总数（%）		户数	占贷出总户数（%）	金额（元）	占贷出总数（%）
贫雇农	1991	826	75.50	6147.11	75.98	944	323	30.73	3617.33	34.85
中农	1014	253	23.13	1898.07	23.42	2407	710	67.55	6673.12	64.28
其他劳动者	15	3	0.27	16.98	0.21	22	—	—	—	—
富农	156	6	0.55	23.37	0.29	185	10	0.95	58.27	0.56
新富农	—	—	—	—	—	12	2	01.9	11.80	0.11
地主	128	2	0.18	10.66	0.13	135	4	0.38	14.35	0.14
其他剥削者	51	4	0.37	7.08	0.09	53	2	0.19	6.30	0.06
合计	3355	1094	100	8103.27	100	3754	1051	100	10381.17	100

注：1952 年只有 11 个乡的数据。

资料来源：《湖北省十二个典型乡调查统计表》（1955），湖北省档案馆，SZ18 - 1 - 154。

国家银行对农民私人的贷款尽管涉及农村各个阶层，但主要是扶助土改后的贫困农民，帮助他们解决生产、生活上的困难，其次是扶助生产中有困难的中农。因此，在农贷发放中贫雇农占了绝大比重。表 1 - 12 可知，1952 年得到国家银行农贷的贫雇农占本阶层农户总数比重为 41.49%，贷款农户户均得到贷款 7.44 元，总户均得到贷款 3.09 元；得到国家农贷的中农占本阶层农户 24.95%，户均 7.5 元，总户均 1.87 元。两个阶层占得到农贷总户的比重为 98.63%，总金额的比重为 99.4%。1954 年得到国家银行农贷的贫雇农占本阶层农户总数比重为 34.22%，贷

---

① 中国人民银行总行：《三年来农贷发放情况》（1953 年 9 月 29 日），中国人民银行总行档案，Y 农村金融管理局 1953 - 永久 - 6。

款农户户均得到贷款 11.20 元，总户均得到贷款 3.83 元；得到国家农贷的中农占本阶层农户 19.50%，户均 9.4 元，总户均 2.77 元。1954 年与 1952 年相比，从贷款率、总户均贷款金额看，贫雇农仍是最高的，即仍然是扶助的重点，但由于中农占总户数比重大大上升了，中农在贷款户中所占比重和贷款总金额都成为大头。另据宜都、石首、京山等县调查，1952 年春耕农贷中，贫雇农占农贷总户数的 84%—90%，中农占 10%—16%，农贷中一般都照顾了困难最大的贫雇农。①

　　从其他几个省份农贷对象看，1952 年的农贷也是以贫雇农为重点扶持对象。河南省 1952 年农贷中贫农、中农合计农贷户数 184844 户，其中，贫农 162777 户，占 88.06%；中农 22067 户，占 11.94%。② 另据对河南省许昌专区五女店等 7 村调查，1952 年农业贷款总额为 13380 元，其中贫农贷款户数为 881 户，贷款总额为 10970 元，占农贷总额的 82%，户均 12.45 元；中农贷款户数为 224 户，贷款总额为 2410 元，占农贷总额的 18%，户均 10.76 元。湖南南县维新乡，1952 年农贷总额为 1545 元，其中贫农贷款户数为 127 户，贷款 1218 元，占农贷总额的 78.83%，户均 9.59 元；中农贷款户数为 20 户，贷款 327 元，占农贷总额的 21.17%，户均 16.35 元。③ 广东省 7 乡，1952 年获得银行贷款的农户 481 户，贷款 4997.11 元，其中贫农 272 户，占贷款总户数的 56.55%；贷款 1577.80 元，占贷款总额的 31.58%；中农 207 户，占 43.04%；贷款 3193.31 元，占贷款总额的 63.90%。④

　　另据江西省 9 个乡的调查，1952 年获得农贷的贫雇农占本阶层总户数的 31.17%，占农贷总户数的 69.50%，户均农贷 6.37 元，总户均 1.99 元；中农农贷户占本阶层总户数的 27.75%，占农贷总户数的 26.85%，户均农贷 5.93 元，总户均 1.65 元。两个阶层合计占农贷总户数的 96.35%，占农贷总额的 98.02%。1954 年贫雇农农贷户数占本阶层总户

　　① 中国人民银行湖北省分行：《中国人民银行湖北省分行三年工作总结》（1953 年 2 月 27 日），湖北省档案馆，SZ73 - 2 - 112。
　　② 中国人民银行河南省分行：《农业各项放款统计表》（1952 年），河南省档案馆，J138 - 8 - 587。
　　③ 中国人民银行总行：《三年来农贷发放情况》（1953 年 9 月 29 日），中国人民银行总行档案，Y 农村金融管理局 1953 - 永久 - 6。
　　④ 中共中央中南局农村工作部：《中南区 1953 年农村经济调查统计资料》（1954 年 7 月），湖北省档案馆，SZ - J - 517。

数的 28.42%，占农贷总户数的 24.72%，户均农贷 10.38 元，总户均 2.95 元；中农农贷户占本阶层总户数的 31.95%，占农贷总户数的 72.51%，户均农贷 8.44 元，总户均 2.67 元。[①] 1954 年与 1952 年比较，贫雇农阶层户均农贷额仍然比中农要高，但是，在贷款率与两个阶层在贷款农户中所占比例方面，恰恰与 1952 年相反，在 1954 年中农这两个指标方面都超过了贫农，这表明 1954 年农贷对象发生了细微的变化，即农贷的重点对象逐渐转向中农。这一变化，一方面，固然与当时农村出现中农化趋势，中农成为农村主要阶层有关；另一方面，表明农贷也追求经济效益。但在总体上，贫雇农和中农阶层仍然是国家农贷照顾对象，1954 年这两个阶层的农贷户数占当年农贷总户数的 97.23%，农贷额占总数的 98.55%。国家农贷扶助的重点对象是贫雇农和中农两个阶层，这与当时农村私人借贷主要发生在此两个阶层之间不谋而合，一方面，反映了这两个阶层是当时农村社会、经济、政治的中坚力量；另一方面，也说明了这两个阶层的困难在当时是最大的。

虽然土改后农业贷款发放的规模是逐年增加的，但是过渡时期总路线提出之后，为了促进农业集体化的发展，国家加强了国营农业、农业合作社、生产互助组的贷款，帮助其巩固和发展，从湖北省的情况看，对个体农户的贷款增长缓慢。如表 2-6 所示，1954 年农户获得国家农贷占总户数 29.41%，比 1952 年减少 3.2 个百分点；总户均得到贷款额 2.77 元，比 1952 年增加 0.35 元，即 1954 年比 1952 年国家农贷的款额稍有增加，但贷款面有一定程度的下降。

国家农贷主要用于解决农民生产困难。据河南省调查，1950—1952 年三年间，共发放各种形式的农贷 47767375.81 元，粮食 246919972 市斤。在耕畜方面，据该省 6 个专区统计，共买耕畜 13434 头，1950 年可解决 947118 亩，1952 年可解决 795720 亩耕种困难；在农具方面，1952 年据 6 个专区不完全统计，买大车 4362 辆，犁 19185 张，耙 82 张，盘耧 3462 张，其他农具 1492795 件；在肥料方面，共计购买 158631100 斤，仅 1952 年即可肥田 660000 亩；在饲料方面，1951 年可解决 89096 头牲口两个月饲料的困难，在 1952 年购买 2950000 斤，据 1 个专区的统计可解决

---

① 根据江西省委调查组：《关于全省（9 个典型乡）经济调查综合表》（1956），江西省档案馆，X006-2-13 整理。

10 万头牲口 1 个月的困难。[①] 河南省许昌县罗庄乡，该乡 1952 年遭受水灾、冻灾，1953 年又遭受霜灾，农民生活困难，全乡出卖了耕畜 39 头，以大牲畜换牲口的有 45 头。灾情发生后，在党政领导下，银行配合生产救灾的政策。在罗庄乡发放各种贷款共 8556 元，其中水车贷款 1185 元，水井贷款 300 元，种子贷款 2550 元，肥料贷款 697 元，耕牛贷款 435 元，农具 43 元，副业 105 元，草料 2484 元，煤贷 800 元，这些贷款在浇麦抢种、保畜度荒上起到一定的作用，安定了生产情绪，使农民顺利地渡过了灾荒。贫农槐秉河反映说："不是政府救济粮和银行贷款，不仅牲口卖掉，就是人也保不着开腿。"[②] 表明银行配合生产救灾，起到了一定程度作用。

在湖北，1952 年春耕农贷中，据孝感、荆州、宜昌等支行统计，共贷犁、耙、镰等大小农具 49185 件，耕牛 4043 头，饼肥 6304761 市斤，灰肥 903900 市斤，谷种 5388443 市斤，棉种 423000 市斤，麻种 2150 市斤，烟种 582 市斤，修制新旧水车 11967 乘，开茶园 2226 亩，新植茶数 15000 株。农民获得这些生产资料，解决了生产上的极大困难，为今后提高单位面积产量准备了物质条件。[③] 1952 年夏季大别山区缺雨，银行先后发放抗旱贷款 206 万元，对抗旱产生了重大作用。后因全省大部分地区 80 多天不下雨，造成 507 万人口地区的灾荒，继而决定发放生产救灾贷款 500 万元，灾区贸易收购贷款 500 万元。[④] 1954 年夏季，湖北、湖南、河南、江西遭受严重水灾，全中南区受灾人口 2776 万余人，受灾面积 6718 余万亩（其中重灾面积 3126 万余亩，重灾区人口 1376 余万人），灾情发生后，中国人民银行中南区行发放了大量的救灾专款来进行生产救灾。自 6 月下旬以来，共计下拨贷款指标 3311 万元（河南 510 万元，湖北 1331 万元，湖南 937 万元，江西 487 万元，武汉市 46 万元，另外总行 8 月底增拨湖南 920 万元）。截至 9 月上旬，上述 4 省 1 市共放出救灾贷

---

① 中国人民银行河南省分行：《农业各项放款统计表》（1952），河南省档案馆，J138 - 8 - 587。

② 中国人民银行总行工作组：《关于许昌县罗庄乡农贷减免缓收工作的典型调查报告》（1953 年 7 月 13 日），河南省档案馆，J137 - 4 - 825。

③ 中国人民银行湖北省分行：《湖北省 1952 年发放春耕农贷总结》（1952），湖北省档案馆，SZ73 - 2 - 98。

④ 中国人民银行湖北省分行：《湖北省分行三年工作总结》（1953 年 2 月 27 日），湖北省档案馆，SZ73 - 2 - 112。

款 2040 万元。[①] 一定程度上解决了农业生产资料困难，稳定了灾民生产情绪。

广东省中山县外沙乡，1953 年国家贷款总数 2851 元，其中水利贷款共 1600 元，占国家贷款总数的 55.9%；肥料贷款 1001 元，占 35.3%；种子 250 元，占 8.75%。贷款对农业生产起了很大的作用，一定程度上解决了农民生产上的困难。特别是水利贷款，支持了农民修好水利获得丰收。因此，农民都很满意。如农民黄生利说："政府真关心我们，土改分了田，又贷款给我们修好水利，否则我们哪里有今年的丰收！"[②]

归纳上述资料，农贷具体作用主要体现在以下四个方面：一是增加农具、牲口、肥料、种子等农业生产资料，促进了农业生产力的发展，提高了农业产量，增加了农民收入；二是促进了一些地区家庭手工业、副业的发展，农民获利增多；三是在大贷款帮助下，农民自有资金投入生产比例增加；四是兴建了一些农田水利设施，农业生产应付自然力破坏作用的能力不断增强。

土改后，国家的农贷规模呈上升趋势，而且农贷面广，覆盖农村各个阶层（当然是以贫雇农、中农为重点）。同时，国家农贷的利率一般月利在 1% 左右[③]，较私人借贷的正常利率水平低。因此，农民愿意通过贷款来发展生产，国家农贷对发展农业生产起到了积极作用，进而促进了农户收入水平的增加。

如上所述，自 1955 年始，为扶助贫困农民走合作化道路，帮助贫农解决入社基金困难，促进农业合作化的发展，国家还专门发放了"贫农

---

① 中国人民银行中南区行：《七、八月份工作综合报告》（1954 年 10 月 5 日），湖北省档案馆，SZ73 - 3 - 246。

② 中共中央华南分局农村工作部外沙乡调查组：《中山县外沙乡农村经济情况调查报告》（1954 年 1 月 31 日），广东省档案馆，204 - 5 - 12。

③ 如"1952 年 12 月 19 日中国人民银行总行新修订的农贷利率为：（1）用于增加农业设备，改进技术的放款（包括马拉农具、抽水机、打井、水利、水车、力畜、种畜等）利率为 7 厘 5。（2）一般农业生产放款（包括良种、饲料、水农具、肥料、药械、步犁等）利率为 1 分。（3）周转性放款利率为 1.5 分。"见中国人民银行总行：《对于现行利率的补充和修订》（1952 年 12 月 19 日），湖北省档案馆，SZ73 - 3 - 96。1953 年 10 月 13 日，中央财经委员会又规定了新的农贷利率，"农业（包括渔业、畜牧业）贷款利率一般生产贷款原为月息 1 分（东北 9 厘），农副业贷款原为月息 1.5 分，现规定为关内一律降为月息 1 分，东北 9 厘不变。设备性质贷款及优待利率仍为月息 7 厘 5 不变，东北马拉农具贷款利率另定。"参见中央财经委员会《关于调整人民银行利率的规定》（1953 年 10 月 13 日），湖北省档案馆，SZ73 - 2 - 109。

合作基金贷款"。由于贫农合作基金贷款帮助贫农解决了缴纳股份基金困难,贯彻了互利政策,减少了合作社的负债,使合作社有力量偿还中农投资,于是就可以打消中农向社内投资的顾虑,鼓励中农投资的积极性。由于实行了股份基金制度,可以进一步壮大合作社资金力量,扩大再生产,进而促进农户收入的提高。如据江西省 9 个社的调查,1956 年共筹集生产资金 220648.54 元,其中生产周转资金(出售农副产品)73368.37 元,占 33.25%;生产费股份基金(实物折合)52673.35 元,占 23.87%;各种生产贷款 49040.03 元,占 22.23%;农产品预购金 29684.42 元,占 13.45%;公积金 6545.13 元,占 2.97%;社员投资(大部分是实物)5528.66 元,占 2.72%,贫农合作基金贷款 3051.00 元,占 1.17%;上年转来的生产费 757.58 元,占 0.34%。上述资金总额中,政府的经济扶助占 36.85%,社和社员筹集部分占 63.15%。① 又如河北邢台县心长村,在没有发放贫农合作基金贷款前贫农无力交股,中农不肯投资,1955 年春需要投资 800 元,实际只投了 300 余元,发放贫农合作基金贷款后,贷了 250 元贷款,就又增加投资 2500 多元。② 生产投资的增加,促进农业生产发展,提升各阶层农户,尤其是贫困农户的收入。如表 2 – 13 所示,合作社中贫农、新老下中农 1956 年比 1955 年的人均增收幅度总体高于新老上中农,从一个侧面反映了贫农合作基金贷款对于农户增收具有一定的促进作用。

二 活跃农村私人借贷

土地改革摧毁了长期存在于中国农村的旧的高利贷制度,农民的债务负担因而大大减轻,经济翻身。虽然依据政策土地改革中保留了除对地主阶级外的一些其他(其中主要是农民群众之间)债权、债务关系,但土地改革后许多借债者并没打算清偿,特别是土地改革后新区即开展了农业合作化运动,借贷者更是产生了"拖拖看"的观望态度。同时,新的借贷难以开展,农民担心有借无还,被说成是剥削,怕以后遭批判、斗争、清算。农村的情况是:一方面,有人需要周转资金克服生产生活困难而告贷无门;另一方面,社会有余资却很少有人愿意借出。如据湖北省江陵县

---

① 《江西省农村调查》,中共中央农村工作部办公室编:《17 个省、市、自治区 1956 年农村典型调查》(内部资料),中共中央农村工作部办公室编印,1958 年 2 月,第 305 页。

② 《中国人民银行总行关于当前农村信贷工作中几个主要问题的报告》(1955 年 1 月 22 日),《1953—1957 年中华人民共和国经济档案资料选编》金融卷,第 425 页。

雨台、公安县中和及鄂城县邓平等乡调查，1952 年每个乡中汇集在中农手上的资金至少有五六千元，多则 1 万元，但借出的很少。又据襄阳专区 4 个乡的调查，借贷资本仅占农村社会余资的 6.4%①，其他余资大多压在农民手中不肯借出。新中国成立后，人民政府发放了救济粮款，举办了农贷，扶助农民群众克服困难，发展生产。但国家各项事业百废待兴，资金有限，因此，在积极兴办信用合作社的同时，提倡开展农村的私人借贷，活跃农村资金的融通，也是中国政府促进农村经济恢复发展的一项重要政策。

1950 年 7 月，中共中央《关于土改中退押与债务问题的处理给各地的指示电》指出：土地改革后借债自由，利息亦不加限制。1950 年 8 月，中国人民银行总行在《人民银行区行行长会议关于几个问题的决定》中指出："大力提倡恢复与发展农村私人借贷关系，我们应结合当地党政部门宣传借贷自由政策，鼓励私人借贷的恢复与发展。利息数不要限制，债权应予保障。"② 1950 年 10 月，中央人民政府政务院颁布的《新区农村债务纠纷处理办法》规定，新中国成立后的一切借贷关系，包括地主借出者在内，其由双方自由议定的契约，均继续有效。1951 年 1 月中国人民银行总行在《第二届全国金融会议关于若干问题的决定》中指出，应宣传并提倡私人借贷自由，利率不加限制，由双方根据自愿两利原则商定。农民自由借贷，实物计算，利息较高，但比没有借贷好，因此应予鼓励。③

根据中央指示精神，各级党委和地方政府针对本地区的情况分别发出指示，制定条例，对新中国成立后农村新发生的借贷关系进行保护，大力提倡恢复与发展农村私人借贷关系。中南局（华中局）、华东局、西北局、西南局所颁布的关于农村债务处理的有关条例，都包括了今后借贷自由、利率由双方自由议定的内容。此外，上述几个大区军政委员会在 1950 年、1951 年春耕季节所颁布的《发展春耕生产十大政策》或《发展农业生产十大政策》等，也都公布了保障借贷自由的政策。1950 年 11 月，中共西北局在《对处理农村债务问题的指示》中还专门对利率问题

---

① 湖北省农委：《农村借贷情况与活跃农村借贷问题（草案）（1953）》，湖北省档案馆，SZ18 - 1 - 40。

② 《人民银行区行行长会议关于几个问题的决定》（1950 年 8 月），《1949—1952 年中华人民共和国经济档案资料选编》金融卷，中国物资出版社 1996 年版，第 528 页。

③ 《第二届全国金融会议关于若干问题的决定》，《1949—1952 年中华人民共和国经济档案资料选编》农村经济体制卷，第 530 页。

进行了说明：对私人借贷利率"划一是不可能的，勉强规定，仍是走不通的。因利率高低是和当地经济状况及人民生活水准有关，在某种意义上说，有其自然趋势。""在人民政府尚无力兴办能够满足农民需要的信用借贷的时候，农村内存在着对于农民的债利剥削，仍得忍耐。"[1]

以上政策的实施，曾一度促进了农村私人借贷关系发展。据对鄂、湘、赣3省10个乡的调查，1952年，有1160户农户发生借贷关系，占全乡总户数的23.34%；1953年，有1482户农户发生借贷关系，占全乡总户数的28.89%，比1952年增加了5.55个百分点。从借贷用途看，以生活性借贷为多，也有部分借贷用于生产经营，如购买耕畜、经营运输业、副业。从利息看，既有较高利息的借贷，如5分以上，也有相当比例的无息、低息借贷。从放债户的阶级结构来看，1953年贫农、中农及其他劳动人民占放债总户数的89.14%，占放债总数的78.07%。[2]表明土改后农村私人借贷关系主要发生在普通劳动群众之间，许多具有群众间互助互济的性质，与旧中国的债务关系相比在性质上已不相同。

（一）农村私人借贷发展与农户收入变化

1. 各阶层收入与负债变化情况

以鄂、湘、赣、粤4省为中心分析1952—1953年农村主要阶层农户的收入变化与负债额的关系，如表1-13所示。

表1-13　　　　　1952—1953年鄂、湘、赣、粤4省农村主要阶层

人均收入与户均负债额变化情况

单位：折合稻谷市斤

	鄂、湘、赣3省10个乡				湖北5个乡				广东9个乡			
	1952年		1953年		1952年		1953年		1952年		1953年	
	人均收入	户均负债	人均收入	户均负债	人均收入	户均负债	人均收入	户均负债	人均收入	户均负债	人均收入	户均负债
贫农	1077	85.23	1048	214.75	1075	64.61	1084	91.53	947	83.45	1010	117.69
一般中农	1323	96.26	1301	69.64	1273	58.34	1291	56.22	1336	83.84	1511	118.66

[1]　西北局：《对处理农村债务问题的指示》（1950年11月28日），《1949—1952年中华人民共和国经济档案资料选编》农村经济体制卷，第178页。

[2]　中共中央中南局农村工作部编：《中南区1953年农村经济调查统计资料》（1954年7月），湖北省档案馆，SZ-J-517。

	鄂、湘、赣3省10个乡				湖北5个乡				广东9个乡			
	1952年		1953年		1952年		1953年		1952年		1953年	
	人均收入	户均负债	人均收入	户均负债	人均收入	户均负债	人均收入	户均负债	人均收入	户均负债	人均收入	户均负债
富裕中农	1599	20.49	1647	41.43	1497	5.58	1644	39.32	1793	92.26	2098	74.66
中农合计	1384	60.21	1394	62.77	1324	47.41	1394	51.74	1432	85.51	1634	109.99
富农	1400	32.71	1406	75.82	1318	6.88	1338	13.47	1082	81.04	1281	65.64
合计	1263	70.47	1281	119.03	1225	53.33	1317	63.31	1234	84.54	1380	112.19

注：户均负债额 = 各阶层农户负债额/各阶层农户总数。

资料来源：根据《中南区1953年农村经济调查统计资料》（1954年7月），湖北省档案馆，SZ－J－517；《湖北农村经济调查》（五个典型乡综合材料）（1954年6月），湖北省档案馆，SZ－1－285整理。

　　由表1－13可知，从总体看，1953年与1952年相比，鄂、湘、赣3省10个乡调查农户人均收入增长了1.43个百分点，户均负债额增加68.91%；湖北5个乡调查农户人均收入增长了7.51个百分点，户均负债额增加了18.71%；广东9个乡调查农户人均收入增加了11.83个百分点，同期户均负债额增长32.71%。农户的收入水平增长过程中，还伴随一个借贷水平的上升过程，但家庭负债额的增长速度要快于人均收入的增长。这表明，农户经济发展不仅意味着经济收入水平的增长，同时意味着借贷水平的上升。也就是说，农户经济收入水平的增加与私人借贷行为的发生呈正相关。从总体上讲，私人借贷促进了农民收入水平的增加，而不是加剧了农户的贫困。

　　同时，表1－13也反映出，各阶层中贫农收入水平较低，对私人借贷的依赖程度最大。1952年，除广东省贫农的户均负债略低于平均水平外，其他各省的贫农户均负债额均高于平均水平，到1953年各省贫农阶层户均负债额均高于平均水平；而收入水平最高的富裕中农阶层，对私人借贷的依赖程度则相对较小。1952年，除广东省富裕中农的户均负债额略高于该省的平均水平外，到1953年，各省富裕中农户均负债额均低于平均水平。富农作为当时农村的主要阶层之一，生产资料占有较多，但由于土改中受到一定程度的打击，生产积极性不高，收入水平低于富裕中农，对私人借贷的依赖程度也较低。

2. 借贷用途

维持小农经济的连续性必须满足两个基本条件：第一，现有劳力的生存及其再生产，这就要求小农口粮和日常生活费用必须有保障；第二，生产资料必须能得到及时的补充，如果种子、肥料、耕畜、农具乃至雇工费用的缺乏小农再生产过程就不得不中断。借贷用途是反映借贷原因和借贷社会经济效果的重要指标。下面我们来观察农村私人借贷的具体用途。

据对湖北省 10 个乡 4971 户的调查统计，借入者 663 户，借粮共计352682.75 斤，其使用情况如表 1 – 14 所示。

表 1 – 14　　　　　　　　1953 年湖北省 10 个乡农民私人借贷用途

单位:%

	生产资料	生活资料	婚丧	疾病	修补房屋	其他
雇贫农	16.10	44.80	21.87	5.79	8.75	2.78
中农	25.29	33.19	16.41	7.00	10.29	7.87
合计	18.08	42.79	20.04	6.03	8.89	4.17

资料来源：湖北省农委：《农村借贷情况与活跃农村借贷问题》（1953），湖北省档案馆，SZ18 – 1 – 40。

从表 1 – 14 可以看出，农民借债以解决生活困难为主，借债用于生活者占借债总数 42.49%，其中，贫雇农借债用于生活者占借债总数的44.80%，中农用于生活者占借债总数的 33.19%，从侧面反映了当时部分农民生活贫困，不得不靠借债维持生活。借债用于投资生产者占借债总数的 18.08%，也占较大的比重，其中贫雇农借债用于生产者占借债总数的 16.10%，中农占 25.29%。

在调查的 10 个乡中，有 3 个乡借债用于生产者占 38%，用于生活者占 12%，投资生产的借债数比用于生活的借债数高 26 个百分点。主要原因是这些乡都接近城市，农村工商业及其他副业发达，大都投入副业生产，据这 3 个乡统计，共计借入粮 21514 斤，用于副业生产者占 24.8%，用于农业生产者占 13.8%，投入副业的实数超过投资农业一倍。如汉阳梅福乡土改后借债户 15 户（雇农 1 户、贫农 10 户、中农 4 户）共计借谷6138 斤，借入户的用途是：1 户雇农借谷 1110 斤用于立家生产，5 户贫农借谷 1608 斤投资生产，4 户贫农借谷 1615 斤做了口粮，1 户贫农借谷

485 斤用于生小孩，3 户中农借谷 960 斤投资生产，1 户中农借谷 360 斤做结婚费用。①

又如江西九江县石门乡，1954 年度负债农户 115 户，借入额折合稻谷 31148 市斤，从借债户借入原因看：（1）因生活困难缺乏口粮 76 户，占 66.09%，15738 斤，占 50.53%；（2）因疾病死亡买棺材 10 户，占 8.70%，5150 斤，占 16.53%；（3）因婚嫁喜庆 2 户，占 1.74%，160 斤，占 0.51%；（4）因添置农具、购买耕牛等生产投资 16 户，占 13.91%，4391 斤，占 14.10%；（5）其他如缺做生意本钱或因赌博输钱 11 户，占 9.57%，5709 斤，占 18.33%。② 再如广东中山县外沙乡 62 户负债农户调查，其借贷原因及用途是：（1）因口粮缺乏而借贷的 20 户，占借入总户数的 32%，其中贫农 10 户，中农 10 户。（2）因天灾人祸、疾病而借贷的有 18 户，占借贷总户数的 23.3%，其中贫农 6 户，中农 12 户。（3）因临时周转有困难 3 户，占借贷户数的 4.9%，其中手工业 1 户，中农 1 户，富裕中农 1 户。（4）因生产投资、经营副业的 14 户，占借贷户数的 22.9%，其中接近中农 2 户，中农 9 户，富裕中农 3 户。（5）因改善生活扩建新茅屋 4 户，占借入户数的 6.5%，其中中农 3 户，富裕中农 1 户。（6）因经营商业 1 户，占借入户数的 1.6%。（7）因结婚、大吃大喝 2 户（中农），占借入户数的 3.2%。③

从以上调查材料看，土改后农民借贷用途中，生活性借贷所占比重相对较大，生产性借贷次之。农村私人借贷在这两方面发挥了不可或缺的作用，不仅维持了农民生存，而且在宏观上维持了小农再生产过程连续不断地进行。再据对 1954 年河北、河南、山西、吉林、广东、贵州、江苏 7 省 16 个县 18 个典型村（乡）的 3435 户农户调查，借贷用途因地区不同而有差异，吉林省经济情况较好，加之人少地多生产需要投资大，因此借债用在生产方面（买车、买马为主）的占 72.7%，生活急需的占 22.9%，修房、结婚、置衣服等的占 4.4%，而关内各省用到生活急需方面的占 48.39%，生产占 30.2%，修房、结婚、置衣服的占 13.87%，经商、买

---

① 汉阳县委调研组：《汉阳梅福乡农村经济调查》（1953），湖北省档案馆，SZ18 - 1 - 45。
② 中共九江地委调查组：《九江县石门乡农村经济调查总结》（1954 年 7 月 31 日），江西省档案馆，X006 - 2 - 6。
③ 中共中央华南分局农村工作部外沙乡调查组：《中山县第二区外沙乡农村经济情况调查报告》（1954 年 1 月 31 日），广东省档案馆，204 - 5 - 12。

地的占 2.88%，其他（还债等）占 4.66%。[①] 另据对吉林省农村调查，1951 年从借贷用途来看，"多用于扩大再生产方面"。黑龙江省海伦县第十六区永安村，1951 年在借入粮中，其中用于生产者占 53.8%，用于生活者占 26%，用于婚丧者占 4.2%；用于换好公粮豆及其他者占 15.8%。[②] 说明在土改完成较早地区，经过三四年的恢复与发展，农村经济发展水平已有一定程度提高，农民生活困难逐渐得到解决，农户面临的困难更主要是生产资料的不足，不能进一步扩大再生产，农村私人借贷也大多用于生产方面或用于生产方面的比重逐渐趋于上升。这也从侧面反映出，在小农兼业生产经营方式下，农户家庭技术投入对农业部门产出增长的贡献有限，农村经济的增长主要是依靠农村资本和劳动力的投入。

小农经济的脆弱性，决定了除去维持劳动力生存及其再生产费用后，一部分小农往往只能部分甚至完全不能自给生产成本，于是借贷种子、肥料、耕畜乃至雇工费用便成为完成再生产过程必不可少的内在要求。明清以来，小农依靠借贷完成再生产过程的实例已不鲜见，近代依然流行，土改后小农依靠借贷能否使再生产过程顺利进行呢？根据中共中央中南局农村工作部的典型调查，1952 年，鄂、湘、赣 3 省贫农户均耕地 8.09 亩，生产成本（耕畜、农具、种子、肥料、饲料、副业及其他投资）共计折合稻谷 830.24 市斤，公粮负担 483.96 市斤，合计支出 1314.20 市斤，户均总收入 6307.34 市斤[③]，收支相抵可余 4993.14 市斤。假如其生产投资全部由借贷而来，并按年利 50%（已算高利）计算，需付息 415.07 市斤，如是则可盈余 4578.07 市斤。正如恰亚诺夫指出，一个家庭式农场所投入的劳力或生产的作物，都很难分解为一个个的计算单位。小农往往把家庭全年的劳动视为一个整体，把扣除了生产费用以后的收成视为一个整体的劳动成果或净收益。因此，很难确定家庭本身劳动的价值，再把这个数目从一年中减去来计算"净利润"。充其量，只能勉强把当时农户家庭的生活费用（包括主食、副食、百货燃料及其他支出）当作家庭自身劳

---

① 卢汉川主编：《中国农村金融历史资料》（1948—1985），第 188 页。

② 《吉林省关于农村经济的综合材料》（1951），《黑龙江省海伦县第十六区永安、西安村经济调查》（1951），《1950—1952 年东北农村调查选集》，东北人民出版社 1954 年版，第 56、130 页。

③ 中共中央中南局农村工作部：《中南区 1953 年农村经济调查统计资料》（1954 年 7 月），湖北省档案馆，SZ－J－517。

动的等值（即自我雇佣的工资支出）。据调查，1952 年，鄂、湘、赣 3 省贫农户均生活费用支出折合稻谷为 4488.96 市斤，如此可得当时贫农家庭的 1952 年的净利润为 89.11 市斤。由此可见，农村私人借贷（不管是低利、无利，还是某种意义上的高利贷，在小农家庭再生产过程中发挥了积极作用。

（二）私人借贷与农民收入增长

土地改革后一二年，农村经济迅速恢复，农户收入增加，农民经济地位普遍上升。当时农村的私人借贷发生的主要原因是农村经济的落后、家庭经济的弱小，以及社会保障体系缺失和现代金融体系不发展。私人借贷的总体利率水平较低，借贷大多属于互助互济性质，借贷主要是解决生活方面的困难，也有用于发展生产的。下面以湖北和广东两省为例，考察农民收入变化情况与农村私人借贷之间的关系。

1. 湖北、广东两省农民收入变化情况与私人借贷的关系

首先从农民人均收入情况、收入结构两个方面来考察 1952—1953 年湖北、广东两省农村经济发展状况。

（1）1952—1953 年湖北、广东两省农民人均收入变化情况

据对湖北 5 个乡的调查，1953 年农业生产总值折合主粮 10354400 市斤，较 1952 年增加 3.5%，加上副业及其他收入全年每人平均 1292 市斤，比 1952 年的 1216 市斤增加 6.16%。在广东，据对 6 个乡的调查，1953 年农民人均总收入折合稻谷 1560 市斤，比 1952 年的 1331 市斤增加 20.74%。因此，从人均收入水平来看，1952 年、1953 年不仅广东调查乡农民的收入较湖北大，而且增长速度也相对较快。

（2）1952—1953 年湖北、广东两省农民收入结构情况

据对湖北 5 个乡的调查，1952 年，农民收入结构中农业收入占81.99%，其中粮食占 88.80%，经济作物占 11.20%；副业收入占11.56%，其中商业占 21.34%，手工业占 24.99%，其他占 53.67%；其他收入占 6.45%。1953 年，农民收入结构中农业收入占 79.38%，其中粮食占 86.87%，经济作物占 13.13%；副业收入占 12.28%，其中商业占14.64%，手工业占 27.16%，其他占 58.20%；其他收入占 8.34%。与1952 年相比较，1953 年农业收入的比重略有下降，副业和其他收入的比重略有增加，反映了湖北农村的商品经济略有发展。

据对广东 6 个乡的调查，1953 年农民收入结构中，农业收入占

70.13%，其中粮食收入占 87.70%，经济作物占 12.30%；副业收入占 20.11%，其中商业占 7.10%，手工业占 3.67%，其他占 89.23%；其他收入占 9.76%。与湖北省相比较，广东省农民的收入结构中农业收入所占的比重相对小些，而副业收入和其他收入所占比重相对大些。其原因是，近代以来，在珠江三角洲即商品经济较为发达的区域，农民经济活动门路较多，除了传统的粮食收入和种植瓜菜、养猪、养鸡、养鸭、养鹅等副业收入之外，还兼有侨汇、装船等收入。

（3）1952—1953 年湖北、广东两省私人借贷的发生率的变化状况

根据湖北 5 个乡的调查及广东 6 个乡的调查，1952—1953 年，私人借贷的借贷率变化情况如表 1 – 15 所示。

表 1 – 15　1952—1953 年湖北、广东农村私人借贷率与农民人均收入变化情况

	湖北				广东			
	借出率（%）	负债率（%）	合计（%）	人均收入（稻谷市斤）	借出率（%）	负债率（%）	合计（%）	人均收入（稻谷市斤）
1952 年	5.53	13.55	21.08	1216	3.39	22.12	25.51	1331
1953 年	8.95	15.02	23.97	1292	8.43	31.18	39.61	1560

资料来源：根据中共湖北省委农村工作部：《湖北农村经济调查》（五个典型乡综合材料）（1954 年 6 月），湖北省档案馆，SZ18 – 1 – 285；中共中央华南分局农村工作部：《广东省农村经济调查》（1954 年），广东省档案馆，204 – 5 – 68 整理。

表 1 – 15 显示，两省比较，1952 年，广东省农民人均收入比湖北高出 9.45 个百分点，1953 年，比湖北高出 20.74 个百分点。1952—1953 年两省的农村私人借贷关系都有一定程度的发展。从表 1 – 15 所反映的情况来看，不仅广东农村的私人借贷面比湖北广，而且广东省私人借贷关系发展速度更快。表明在新民主主义经济时期的商品经济条件下，农村经济相对发达的地区，农村私人间借贷活动发生频繁。这也反映了农村私人借贷发生的程度或规模的大小与地区经济发展水平、农民人均收入水平等统计指标存在明显相关性。

2. 同一区域内部的不同地区的农户收入水平与私人借贷的关系

以湖北省为例观察该省不同地区的农户收入水平与负债率的关系，据对湖北 11 个乡的调查，各乡各阶层农户的收入水平与借贷率情况如表 1 – 16 所示。

表1-16

1953年7月至1954年7月湖北省11个乡人均收入水平与借贷率的关系

单位：人，折合稻谷市斤

乡别	贫农		一般中农		富裕中农		其他劳者		富农		其他剥削者		地主		合计		标准差	负债率	借出率
	人口	人均收入	人口	人均收入	人口	人均收入	人口	人均收入	人口	人均收入	人口	人均收入	人口	人均收入	人口	人均收入			
赵湾乡	193	994	564	1426	170	1758	—	—	58	1423	—	—	45	1244	1030	1324	240.00	30.36	4.91
马桥乡	133	1305	477	1661	52	2379	16	2108	26	1907	47	1470	30	955	781	1593	288.69	18.69	14.02
石梁司	148	928	368	1164	184	1532	—	—	28	1880	19	894	29	523	776	1224	278.33	29.21	20.30
谭庄乡	104	916	445	1052	183	1201	—	—	75	939	16	957	88	761	911	1208	129.90	15.15	1.52
庙湾乡	152	1867	501	1961	200	2366	2	2496	44	2624	6	1922	40	1721	945	2082	228.01	31.51	15.55
七矿乡	162	716	511	980	226	1547	—	—	9	1369	3	1433	11	1172	1011	1103	276.98	22.37	10.50
三合乡	150	1548	448	1833	189	2228	—	—	42	1728	5	3762	43	1098	877	1806	311.15	47.50	23.00
曾集乡	171	873	480	1121	152	1437	—	—	25	735	—	—	21	559	849	1111	205.41	23.30	10.19
竹皮寺	270	1142	640	1245	218	1351	—	—	33	1624	3	842	6	1012	1170	1242	95.56	29.31	13.79
董家畈	219	1040	383	1308	240	1647	12	1353	63	2001	4	565	10	920	931	1373	280.85	36.55	17.67
白石乡	228	1038	597	1343	228	1658	1	2997	32	1745	7	975	68	1081	1161	1322	222.96	16.37	8.37

资料来源：根据湖北省委农村工作部：《黄冈县竹皮寺乡调查统计分析表》（1954），《麻城县董家畈乡调查统计分析表》（1954），《浠水县白石乡调查统计分析表》（1954），《咸宁县马桥乡调查统计分析表》（1954），《五峰县石梁司乡调查统计分析表》（1954），湖北省档案馆，SZ18-1-128；《孝感县赵湾乡调查统计分析表》（1954），《江陵县三合乡调查统计分析表》（1954），《荆门县曾集乡调查统计分析表》（1954），湖北省档案馆，SZ18-1-129；《随县庙湾乡调查统计分析表》（1954），《建始县七矿乡调查统计分析表》（1954），湖北省档案馆，SZ18-1-130；《襄阳县谭庄乡调查统计分析表》（1954），湖北省档案馆，SZ18-1-131整理。

　　表1-16显示，人均收入水平相对较高的庙湾乡、三合乡私人借贷也较为活跃，调查年度的私人借贷率分别为47.04%、70.50%，在收入水平相对较低的七矿乡、曾集乡同一时期的私人借贷率分别为32.87%、33.49%，也相对较低。进一步说明，农村私人借贷发生的程度或规模的大小与当地经济发展水平、农民人均收入水平等指标存在一定的正相关性。

　　农村私人借贷关系大多局限于本乡本土，一般来说，在一个村落内部，农户间收入差距越大，发生借贷可能性越大，即借贷率越高。从表1-16来看，三合乡各阶层农户收入的标准差为311.15，在11个调查乡中该乡农户间收入差距最大，调查年度该乡私人借贷关中的负债率为47.50%，借出率为23%，与其他10个乡的负债率与借出率两者相比，该乡均为最高。在上述11个乡中竹皮寺乡各阶层农户的收入标准差为95.56，是11个乡中农户收入差距最小的乡，该乡农户的负债率及借出率分别为29.31%、13.79%，两个指标都低于三合乡，但与其他各乡相比，却不是最小的。研究表明，在一个区域内部的不同地区私人借贷发生的程度与当地农户间收入差距的大小存在一定的正相关性，但相关的强度并不很大。

　　综合上述，农户借贷行为发生与农民收入增长存在正相关，换言之，农村私人借贷关系的发展在一定程度上促进了农民收入的增长。不可避免，极少数农户通过放债剥削他人，成为农村新富农阶层，也有少数农户因负债过多，超过自身的偿还能力，而导致经济地位下降，甚至濒于破产，但是不能因此而否认私人借贷的发展对农民收入提升的积极作用。

　　土地改革后，中央认为农村开始出现两极分化，同时农村居民间的自由借贷被认为是引起两极分化的主要原因之一。随着过渡时期总路线的酝酿和提出，中国政府加强了对农业集体化的工作部署。实现集体化的目的，就是为了通过变农民个体经济为农村集体经济，从根本上解决农民的生产生活困难，走共同富裕道路，这样，也就铲除了生产利贷剥削的土壤。由此，毛泽东开始对"四个自由"（租佃自由、雇工自由、借贷自由、贸易自由）作为互助合作的对立面进行严厉批判，认为实行"四个自由"，都是"有利于富农和富裕中农"，"结果就是发展少数富农，走资本主义的路"。[1] 无疑，解放初期农村居民普遍贫困的条件下，农村私人

────────────

　　[1]　毛泽东：《关于农业互助合作的两次谈话》，《毛泽东文选》第六卷，人民出版社1999年6月版，第299、305页。

借贷中的高息借贷对农村经济的发展带来一些消极影响，但消极作用并不能涵盖其全部内容，农村私人借贷关系中更多的是低利和无利借贷，在农村经济运转中发挥着不可替代的作用。① 过渡时期总路线提出之后，政府对农村自由借贷采取了打击和取缔政策，实际上，在农业合作社及人民公社里私人借贷仍然在一定范围存在；农村实行联产承包责任制后，农村民间借贷又大规模地兴起。事实证明，传统上对民间金融取缔压制政策基本是失败的。非正规金融产生的主要原因乃是客观存在的资金供求矛盾，当农户的资金需求不能从正规金融获得满足时，供求双方自然会开辟出种种渠道进行资金融通，这并非一纸条文所能禁止的。更进一步，政府对非正规金融的打压往往适得其反，因为处于"地下黑市"状态的金融活动风险更大，要求利息更高，也更易滋生各种不法行为。对于农村非正规金融的发展，试图将其准正规化、正规化、规范化，也不失为标本兼治的策略。

---

① 常明明：《20 世纪 50 年代前期农村私人借贷利率探析》，《中国农史》2009 年第 2 期。

第二章　农村经济体制变迁中
农家收入变化趋势

新中国成立初期，国家通过一系列制度变革调动农民生产积极性，促进农业生产的发展，农民收入水平也得到一定程度提高。但总体来看，农业生产的发展与工业化的快速发展不相适应。为了从农业获取更多积累以保障重工业优先发展战略的实施，国家通过农业合作化的制度变革来解决这一矛盾，在合作社中不同阶层农户增收程度呈现差异性。

第一节　土改前后农家收入变化趋势

土改后，获得土地和其他生产资料的农民生产积极性高涨，在农业生产力落后的情况下，由于国家的政策支持及农民生产热情的焕发，农业生产得以较快恢复和发展，农民收入也有一定程度提高。

一　土改前后农家收入变化情况

（一）国民经济恢复时期农家收入变化情况

统计资料显示，从全国范围看，1952 年与 1949 年相比较，农业总产值从 326 亿元增加到 461 亿元，按可比价格计算，增长了 48.3%；农业净产值从 245 亿元增加到 340 亿元；而农村人口仅增加了 3.69%，农村居民人均占有的农业产值和净产值也大大增加了。从分配的角度看，1952 年完成土地改革后，全国无地少地农民无偿得到 7 亿亩土地和其他生产资料，免除了每年向地主缴纳的苛重地租，仅此每人每年就可多收入 200—300 斤粮食；国家征收的农业税从 1950 年的 19.1 亿元增加到 1952 年的 27 亿元，增加了 7.9 亿元，不足这两年农业净产值增加额的 15%。因此，广大翻身农民在生产恢复发展的基础上，收入应该是有所增加的。有关史书提出，国民经济恢复时期，农民收入增加了 30%。[①] 但是，由于过去农户收入水平低下，入不敷出，增长的基数较低，是一种恢复性增长。

据山东省调查，抗战前（1936 年），农民人均收入为 54.66 元，由于战争破坏，1949 年农民人均收入只有 44.74 元，比抗战前减少 18.2%。土改结束时，根据 905 户的调查，1952 年农民人均收入为 60.22 元，比抗战前增加 10.2%，比 1949 年增长 34.6%。[②] 据福建省调查，1952 年，农民人均收入 62.07 元，比 1950 年增长 14.9%。其中，生产性收入 62.07 元，比 1950 年增长 9.0%，占总收入的 88.7%；非生产收入 7.90 元，比 1950 年增长 32.6%，占总收入的 11.3%。[③] 据河南省调查，新中国成立后，河南农村完成土地改革，经过三年恢复时期，农民生产积极性高涨，农村经济开始恢复，并迅速向前发展，农民收入水平显著提高。1952 年，农民人均纯收入达到 57.7 元，比 1949 年的 39.7 元增加 18.0 元，增长 45.34%，年均增长 13.27%；与 1936 年的 52.8 元相比，增加 4.9 元，增长 9.28%。[④] 又如中南军政委员会土地改革委员会对鄂、湘、赣三省典型农户的抽样调查，抗战前、新中国成立前及土地改革时三个时期农户的收入变化情况如表 2-1 所示。

表 2-1　　　　鄂、湘、赣三省典型农户三个时期的收入变化情况

单位：折合稻谷市斤

	抗战前	新中国成立前	土改结束时
湖北 14 个乡 120 户一般中农	1556.41	1397.96	1427.25
湖南 13 个乡 117 户一般中农	1219.74	1275.62	1247.36
江西 14 个乡 126 户一般中农	1456.68	1305.54	1365.85

注：调查中的三个时期，是用了三个年头作代表，"抗战前"指的是 1936 年，"新中国成立前"是 1948 年，"土改结束时"是 1951 年。

资料来源：中南军政委员会土地改革委员会编：《中南区 100 个乡调查统计表》，1953 年 2 月，第 286—291 页。

[①]　柳随年、吴敢群：《中国社会主义经济简史》，黑龙江人民出版社 1985 年版，第 77 页。

[②]　国家统计局农村抽样调查总队编：《各省、自治区、直辖市农民收入、消费调查研究资料汇编》上册，第 267 页。

[③]　国家统计局农村抽样调查总队编：《各省、自治区、直辖市农民收入、消费调查研究资料汇编》上册，第 309 页。

[④]　国家统计局农村抽样调查总队编：《各省、自治区、直辖市农民收入、消费调查研究资料汇编》下册，第 235 页。

从表2－1反映情况看，土改后的1951年湖北、江西两省调查农户的收入水平虽然比新中国成立前的1948年有所增加，但并没有恢复到抗战前的水平，而从湖南省的调查情况来看，土改后农户的收入比抗战前高，但低于新中国成立前的收入水平。其原因是农户的收入主要来源是农业生产，而农业受自然力作用的影响非常大，产量是极不稳定的，如湖北省浠水县望城乡，1936年的棉花亩均产量为36.5市斤，1949年上升到41.3市斤，1951年下降到33市斤。[①] 产量上升下降的幅度均在10%以上，说明小农经济占优势的情况下对抵抗自然灾害的能力是很有限的。

（二）土改后农家收入变化情况

土地改革的完成，加之农业的丰收，使农民收入水平有了一定提高。据推算，1949—1955年，全国农民人均收入分别为55.19元、63.75元、68.43元、76.76元、76.49元、78.85元、84.94元。[②] 在收入水平提高基础上，农民购买力普遍增长，据国家统计局的调查，1949—1955年我国农民人均货币收入及人均购买力情况如表2－2所示。

表2－2　　1949—1955年我国农民人均货币收入及人均购买力情况　　单位：元

	1949年	1950年	1951年	1952年	1953年	1954年	1955年
农民人均净货币收入	14.9	18.7	23.6	26.8	31.5	33.9	33.4
农民人均消费品购买力	14.2	17.3	21.6	24.6	28.4	31.8	31.7

资料来源：中国社会科学院、中央档案馆编：《1949—1952年中华人民共和国经济档案资料选编》农村经济体制卷，第422页；中国社会科学院、中央档案馆编：《1953—1957年中华人民共和国经济档案资料选编》农业卷，第1464页。

土改完成较早的老区[③]。根据山西省20个乡的调查，1954年人均农副业收入折合粮食为1044市斤，分别比土改结束时和1952年增长115.60%、103.80%。[④] 表明，土改后经过几年的发展，农民的收入有了较大幅度的提

① 中共中央中南局农村工作部：《中南区5省35个乡1953年农村经济调查总结》（1954年7月），湖北省档案馆，SZ－J－514。

② 中国社会科学院、中央档案馆编：《1953—1957年中华人民共和国经济档案资料选编》（农业卷），中国物价出版社1998年版，第1146页。

③ "老区"与"新区"的概念在解放战争中是不断变动的。本书所指的老区是指1950年6月前完成土地改革的地区。

④ 《山西省农村调查》，中共中央农村工作部办公室编：《八个省土地改革至1954年的农村典型调查》，第2页，山西省档案馆，21－8－1－2。

高。而在热河省，根据 7 个村的调查资料，1949 年、1952 年、1953 年、1954 年四年间，农户人均收入折合粮食分别为 645.6 市斤、1116.3 市斤、1058.7 市斤、951.1 市斤，农户人均农业收入折合粮食分别为 584.9 市斤、874.6 市斤、800.8 市斤、792.5 市斤。[①] 农民人均收入出现上下波动状况，调查资料反映，1954 年，由于调查村遭受了水灾、冰雹等多种自然灾害的袭击，农业生产有所减产，而导致农户收入水平下降。这也说明了新中国成立初期农业生产的脆弱性和农户收入的不稳定性。

新区。随着生产的恢复与发展，农民收入增加，生活得以改善。如据中共中央中南区农村工作部对该区豫、鄂、湘、赣、粤 5 省 31 个乡和湖北省农村工作部对该省 5 个乡的调查资料，1953 年与 1952 年相比[②]，各阶层农户人均总收入情况变化如表 2 - 3 所示。

表 2 - 3　1952—1953 年豫、鄂、湘、赣、粤 5 省调查农户人均总收入情况

单位：折合小麦（稻谷）市斤

	年份	贫农	中农	其他劳动人民	富农	地主及其他剥削者	平均
河南 9 个乡	1952	706	871	5432	1053	650	842
	1953	602	767	5420.5	844	669	743
鄂、湘、赣 10 个乡	1952	1077	1384	1099	1400	913	1250
	1953	1048	1394	1154	1406	983	1265
湖北 5 个乡	1952	1075	1324	1394	1318	905	1216
	1953	1084	1394	1591	1338	996	1292
广东 12 个乡	1952	947	1432	1608	1082	1474	1262
	1953	1010	1634	1758	1281	1510	1400

注：调查乡据统计的阶级成分，1953 年地主及其他剥削阶层是根据土改时划定的，富农中有 7 个乡 16 户是根据调查时的情况新划的，其余均为土改时的老富农，其他各阶层是调查时根据经济情况划定的。1952 年，河南省 1 个乡、鄂湘赣 9 个乡、湖北 5 个乡的阶级成分（除地主及其他剥削阶层和大部分富农外）是根据当年经济情况划定的，其余都是用 1953 年划定的成分。表中河南省的其他劳动人民阶层的人均收入较高，原因是该省调查户中此阶层只有 1 户，且该户只有 1 人，因此人均收入较高。

资料来源：根据《中南区 1953 年农村经济调查统计资料》（1954 年 7 月），湖北省档案馆，SZ - J - 517；《湖北农村经济调查》（五个典型乡综合材料）（1954 年 6 月），湖北省档案馆，SZ - 1 - 285 整理。

---

① 中共热河省委农村工作部：《1954 年农村经济情况调查表》（综合），河北省档案馆，684 - 7 - 46。

② 1952 年新区土改基本结束，1953 年是土改基本结束后的第一年，这两年农户收入进行比较，可以看出生产关系的变革对农户收入的影响。

表 2－3 显示，1953 年与 1952 年相比，在整体上，鄂、湘、赣、粤 4 省农民户均收入都有一定程度的增加，其中广东省农民户均收入增长最快，增幅达 10.94%；从各阶层收入增长情况来看，除鄂、湘、赣 10 个乡的贫农阶层收入略有下降外，其他各阶层的收入均有一定幅度的增加。其原因是农民阶层所处地位是在调查时根据当年经济情况划定的，而土改后较大部分的贫农已上升为中农，仍处于贫农地位的农户，故收入相对较低。1953 年与 1952 年相比，河南省农民人均收入呈下降趋势，从调查材料看，是因 1953 年该省遭受了重大自然灾害，粮食减产 1500 万担，占 1953 年中南区全区粮食减产总数 3500 万担的 42.86%，减产粮食占该省粮食总产量的 6.77%，比中南区平均水平的 3.38%，高出 3.39 个百分点。①

另在湖北，据对 12 个乡 3754 户农户的经济调查，1954 年人均农副业收入折合稻谷为 1271 市斤，比 1952 年的 1191 市斤增长 6.72 个百分点，其中，1954 年人均粮食收入为 842 市斤，比 1952 年的 804 市斤增长 4.73 个百分点。② 在湖南，据对 8 个乡 3326 户农户的调查，1954 年人均农副业收入折合稻谷为 1234 市斤，分别比 1952 年的 1493 市斤、1953 年的 1600 市斤减少 17.35 个百分点、22.88 个百分点。③ 在江西，据对 9 个乡 3651 户农户的调查，1954 年人均粮食收入为 786 市斤，比 1953 年的 762 市斤增加 3.15 个百分点。④

---

① 中共中央中南局农村工作部：《中南区农村统计资料》（1954 年 8 月），湖北省档案馆，SZ－J－519。

② 湖北省委农村工作部：《湖北省 12 个典型乡调查统计表》（1955），湖北省档案馆，SZ18－1－154。

③ 根据省委农村工作部：《关于湘潭县清溪乡 1952 年至 1954 年经济情况调查分析表》（1955），湖南省档案馆，146－1－176；省委农村工作部：《关于湘潭县长乐乡 1952 年至 1954 年经济情况调查分析表》（1955），湖南省档案馆，146－1－197；省委农村工作部：《关于安乡县竹林坑乡 1952 年至 1954 年经济情况调查分析表》（1955），湖南省档案馆，146－1－205；省委农村工作部：《关于安乡县蹇家渡乡 1952 年至 1954 年经济情况调查分析表》（1955），湖南省档案馆，146－1－204；省委农村工作部：《关于沅陵县肖家桥乡 1952 年至 1954 年经济情况调查分析表》（1955），湖南省档案馆，146－1－246；省委农村工作部：《关于沅陵县蒙福乡 1952 年至 1954 年经济情况调查分析表》（1955），湖南省档案馆，146－1－272；省委农村工作部：《关于长沙县卷塘乡 1952 年至 1954 年经济情况调查分析表》（1955），湖南省档案馆，146－1－153；省委农村工作部：《关于长沙县草塘乡 1952 年至 1954 年经济情况调查分析表》（1955），湖南省档案馆，146－1－165 整理。

④ 江西省委调查组：《关于全省（9 个典型乡）经济调查综合表》（1956），江西省档案馆，X006－2－13。

分阶层看，据中共中央中南局农村工作部对鄂、湘、赣3省10个乡农户的人均收入情况调查，如表2-4所示。

表2-4　　1952—1953年鄂、湘、赣3省10个乡农户人均收入情况

单位：折合稻谷市斤

年份	贫农	中农	其他劳动人民	富农	地主和其他剥削阶层	平均
1952	1077	1384	1099	1400	913	1250
1953	1048	1394	1154	1406	983	1265

注：本表最后一栏的平均收入采用的是加权平均。

资料来源：中共中央中南局农村工作部：《中南区1953年农村经济调查统计资料》（1954年7月），湖北省档案馆，SZ-J-517。

从表2-4反映情况看，1953年，除贫农阶层收入比1952年有一定程度下降外，其他各阶层农民的收入均有所增加，其原因是，该次调查根据当时农户的经济状况，对农户的阶级成分又进行了新的划分，当时大部分贫农经济地位上升了。而没有上升的贫农和从其他阶层下降为贫农的农户，由于各种原因生产生活仍存在很大的困难，致使收入增长缓慢，甚至出现下降的状况。但从整体来看，1953年与1952年相比，农户收入略有增加。

农户收入的增加，使农户的购买力也有一定程度的提高，据调查，与1952年相比，1953年湖北省农户的人均购买力增长12%，湖南增长23.66%，江西增长11.93%。[①]

另据江苏苏南地区12个村的调查，土改后，农民生产积极性大大提高，在党和政府的领导下利用农闲时节兴修水利，虽然1951年天时不好，但也克服了各种困难，12个村水稻平均亩产达到337市斤，比1950年（土改时）的328市斤，增加2.74%，总产量增加2.26%。同时，还加强了副业生产，1950年12个村共养猪509头，1951年增至800头，增加57.17%；家庭手工业及其他副业纯收入1950年共收入200892市斤（折合稻谷），1951年达到212615市斤，增长5.83%。由此，1950年，12个

①　中共中央中南局农村工作部：《中南区5省35个乡1953年农村经济调查总结》（1954年7月），湖北省档案馆，SZ-J-514。

村农副业收入为 5935850 市斤，1951 年达到 7033940 市斤，增长 18.5%；除掉口粮、种子、公粮负担外，出售总值 1950 年为 1220181 市斤，人均 215 市斤，1951 年为 1340346 市斤，人均 241 市斤，人均增加 12%。由于农民有多余粮食出售，所以购买力也有一定程度提高，1951 年购买总值比 1950 年增加 19% 左右。①

再据西南地区四川、云南 7 个村的调查，1953 年农民人均总收入为 62.09 元，比土改时的 48.89 元，增长了 27%，其中 4 个村 1953 年人均粮食收入为 660 市斤，比 1952 年的人均 615 市斤增加了 7.32%。②

二　土改后农户经济地位的提升及原因

（一）农户经济地位的提升

随着土改后农民生产积极性的提高，农户收入水平的增加，农户经济地位得以提升。据国家统计局对全国 21 个省 14334 户农户的调查，到 1954 年，土改结束时的 8191 户贫雇农已有 3991 户（占 48.72%）上升为中农，土改结束时的中农则大部分不动，只有一部分下降为贫雇农和上升为富农，而新富农只占全体农户的 0.57%，土改结束时的富农，则有 49% 下降为中农。③ 因此，中农已成为农村的主要阶层，这是当时农村的基本情况。

土地改革较早的老区，经过几年发展，农村阶级变化的中农化趋势更是明显。如山西省 20 个乡的调查，从土地改革结束到 1952 年 4 年左右的时间内，除由于土地改革中分到的土地、牲畜、农具等，贫雇农 287 户上升为新中农，1529 户上升为新下中农，占土地改革时的雇贫农总户数的 68.97%，以及老下中农 165 户上升为上中农，占土地改革时的老下中农户数的 9.29%。此外，46 户老下中农下降为贫农，占土地改革时的下中农的 2.6%，老上中农 85 户下降为下中农、4 户下降为贫农，合计 50 户下降为贫农，占 1952 年总户数的 0.83%。同时，有 4 户由老上中农成为新富农，占老上中农户数的 0.42%。如加上土改时划定的地主、富农而现在仍继续富农剥削的 16 户，共 20 户富农，占 1952 年总户数的 0.33%。1952—1954 年，贫雇农 3 户上升为上中农、88 户上升为下中农，新、老

---

① 苏南区委员会农村工作委员会：《12 个典型村调查情况综合汇报》（1951 年 12 月 30 日），江苏省档案馆，3006 - 永 - 148。
② 中共中央西南局农村工作部：《西南区农村经济变化典型调查》，1954 年 8 月。
③ 国家统计局编：《1954 年我国农家收支调查报告》，统计出版社 1957 年版，第 14 页。

下中农 99 户上升为上中农，在两年时间内，由于半社会主义性质的农业合作社的建立与国家粮食统购统销的执行，以及农村供销合作社、信用合作社的发展，不但没有发展新富农，而且已有的 4 户新富农减为 3 户。同一时期，新、老下中农 21 户降为贫农。① 具体情况如表 2 – 5 所示。

表 2 – 5　山西省 20 个乡土改结束时期、1952 年、1954 年阶级变化趋势

单位：%

	总户数	贫雇农占总户数的比重	新下中农占总户数的比重	老下中农占总户数的比重	新上中农占总户数的比重	老上中农占总户数的比重
土改结束时期	5775	45. 60	—	30. 77	—	16. 35
1952 年	6023	14. 75	26. 45	28. 97	4. 83	17. 50
1954 年	6203	13. 33	27. 02	28. 50	5. 57	17. 98

资料来源：《山西省农村调查》，《八个省土地改革至 1954 年的农村典型调查》，第 21 页，山西省档案馆，21 – 8 – 1 – 2。

另据陕西省米脂善家坪乡、延安柳林乡和清涧樊家岔乡 3 个乡（1948 年完成土改）调查，土改到 1954 年，贫雇农已由占总户数的 81.2% 减少到 18.9%，即有 70.1% 的贫雇农上升为中农，上升户中有 90% 是在土改至 1952 年期间上升的，只有 10% 是在 1952—1954 年上升的。贫农大量上升的结果，使中农数量迅速增大，至 1954 年中农已占总户数的 75.9%，其中新、老上中农占中农阶层的 33.65%，下中占 66.35%。随着农村经济的普遍上升，贫雇农比土改时期"糠菜半年粮"、"衣不蔽体"状况已有改进。②

新区的土地改革于 1952 年基本结束，据对中南区豫、鄂、湘、赣、粤 5 省 35 个乡农户的调查，1953 年与土改时相比，农户成分变化如表 2 –6 所示。

---

① 《山西省农村调查》，《八个省土地改革至 1954 年的农村典型调查》，第 21 页，山西省档案馆，21 – 8 – 1 – 2。

② 《陕西省农村调查》，《八个省土地改革至 1954 年的农村典型调查》，第 32—33 页，山西省档案馆，21 – 8 – 1 – 2。

表 2－6　　　　　　豫、鄂、湘、赣、粤 5 省 35 个乡土改至

1953 年各阶层农户比例变化情况　　　　单位:%

	贫农		中农		其他劳动人民		富农		地主		其他剥削阶层	
	土改时	1953 年	土改时	1953 年	土改时	1953 年	土改时	1953 年	土改时	1953 年	土改时	1953 年
河南	51.57	16.70	40.92	75.00	0.11	0.11	1.91	2.58	5.15	5.16	0.34	0.45
湖北	57.82	31.28	32.85	59.32	0.53	0.74	3.67	3.61	3.63	3.61	1.50	1.44
湖南	55.61	35.21	29.96	51.69	4.84	3.31	2.66	2.82	4.39	4.39	2.54	2.58
江西	56.40	35.47	28.94	48.16	3.50	4.03	3.50	3.63	3.46	3.46	4.20	5.25
广东	62.82	38.87	18.73	47.27	9.33	5.46	2.09	2.09	3.92	3.33	3.71	2.98

资料来源：根据《中南区 1953 年农村经济调查统计资料》（1954 年 7 月），湖北省档案馆，SZ－J－517 整理。

如表 2－6 所示，从土改到 1953 年，由于农户收入普遍上升，农村阶级结构发生了很大变化，其基本特点是成分普遍上升或接近上升。由于农民经济地位普遍上升，中农成为农村中的基本力量。

（二）农户经济地位普遍上升原因

中国农村土地改革的完成，在农村彻底废除了封建土地所有制，实现了"耕者有其田"的农民土地所有制。农村生产关系的变革极大激发了广大农民的生产热情，促进了农业生产的恢复和发展，农民收入增加，经济地位得到上升。下面我们来考察土改后农户经济地位上升的主要因素。

1. 生产规模都有不同程度扩大

据国家统计局对 23 个省 15432 户农家的调查，土改结束后到 1954 年，农家占有的各种主要生产资料变化情况如下：

（1）耕地增加 3.6%。增加的原因部分由于开荒，部分由于土改时有少数耕地保留下来，以后陆续分配了。

（2）耕畜总数增加 43.8%。耕畜的构成，以牛和马为主，牛和马在土改时占耕畜总数的 76.2%，1954 年增加为 77.2%。

（3）主要农具也有增加。犁增加 14.8%，其中北方各省的新式犁增加 55.3%；水车增加 10.0%，以南方各省增加最多。

（4）小家畜饲养也有发展。羊增加 95.0%，其中北方牧羊区增加最多，如内蒙古增加了 2.4 倍，热河增加了 2.2 倍，陕西增加了 1.5 倍；猪增加 47.6%，其中南方各主要产区增加 25.0%。

（5）房屋增加 9.2%。其中生产用房增加 17.2%，住房增加 7.1%。

房屋以北方解放较早地区中增加最多，东北三省和内蒙古、山西平均增加 32.8%。[①]

在老区，根据山西省的调查，土改结束时、1952 年及 1954 年农业生产条件的变化趋势如表 2 - 7 所示。

表 2 - 7　山西省 20 个乡土改结束时期、1952 年、1954 年农业生产条件变化情况

	户数	人口	耕地	人均耕地	劳力	牲畜	其中耕畜	主要农具
1954 年	6203	26651	169122	6.38	11146	3493	3221	5234
相当于土改结束时的百分比(%)	107.40	110.65	106.36	96.67	102.02	139.60	106.20	116.83
相当于1952年的百分比(%)	102.97	104.30	99.19	95.37	100.89	108.21	134.90	105.75

资料来源：《山西省农村调查》，《八个省土地改革至 1954 年的农村典型调查》，第 2 页，山西省档案馆，21 - 8 - 1 - 2。

土地是农业生产不可或缺的生产要素，对农业生产有着决定性意义，而农业生产工具的改进和增加，会直接促进农业生产效率的提高。从表 2 - 7 反映的情况来看，土地改革后，耕地、耕畜和农具等农业生产资料都有不同幅度的增加，这为农业扩大再生产提供了必要的物质基础。

在新区，据中南区豫、鄂、湘、赣、粤 5 省 35 个乡 11791 户农户的调查，如以 1952 年各阶层农户占有的生产资料为 100，1953 年平均每户占有的生产资料变化情况如表 2 - 8 所示。

表 2 - 8　　　　1952—1953 年豫、鄂、湘、赣、粤 5 省 35 个乡

农户户均占有生产资料变化情况　　　单位:%

	贫农	中农	其他劳动人民	富农	地主及其他剥削者	平均
耕地	119.57	108.72	112.37	97.52	55.73	118.40
耕畜	107.41	105.77	100.00	110.17	125.00	110.53
主要农具	112.90	100.56	116.98	101.64	91.07	105.60

注：主要农具包括犁、耙、耖、水车、禾桶、大车等。

资料来源：根据《中南区 1953 年农村经济调查统计资料》（1954 年 7 月），湖北省档案馆，SZ - J -517 整理。

---

① 国家统计局编：《1954 年我国农家收支调查报告》，第 17 页。

　　表2-8显示，1953年与1952年（相当于土改结束时）相比，总体来看农村各阶层占有的生产资料处于增加趋势，即生产规模有一定程度扩大。其中，贫农占有的耕地和主要农具等生产资料的增长速度都超过了平均水平。这说明，农业生产的发展，农户经济地位的提升不是少数人剥削其他农户劳动所得，吞并其他农户财产积累财富的过程，而是广大农民普遍扩大生产的过程。

　　2. 农户经济地位上升是自身努力劳动的结果

　　土改后，农民获得了土地，生产热情空前高涨，积极发展农副业生产，经济收入逐年提高，经济地位得以上升，从农户收入结构看，据中南区豫、鄂、湘、赣、粤5省的调查，土改后新中农和新富裕中农的收入构成如表2-9所示。

表2-9　　　　　1952—1953年豫、鄂、湘、赣、粤5省新中农、
新富裕中农各种收入的比例情况　　　　　单位:%

		河南9个乡			鄂、湘、赣10个乡			湖北5个乡			广东12个乡		
		农业收入	副业收入	其他收入	农业收入	副业收入	其他收入	农业收入	副业收入	其他收入	农业收入	副业收入	其他收入
1952	新中农	90.87	5.01	4.12	79.46	14.96	5.58	80.40	13.93	5.67	63.17	20.00	16.83
	新富中	91.08	6.02	2.90	77.80	16.35	5.85	76.07	17.60	6.33	61.08	25.83	13.09
1953	新中农	90.73	4.36	5.27	78.84	13.41	7.75	79.79	11.93	8.28	67.20	24.99	7.81
	新富中	91.92	4.97	3.11	73.77	18.08	8.15	74.15	17.28	8.57	60.82	31.42	7.76

　　注：其他收入包括救济金、借贷收入、预售产品、亲友赠送及在外家庭成员寄回等。

　　资料来源：根据《中南区1953年农村经济调查统计资料》（1954年7月），湖北省档案馆，SZ-J-517；《湖北农村经济调查》（五个典型乡综合材料）（1954年6月），湖北省档案馆，SZ-1-285整理。

　　表2-9显示，各省新上升农户的收入来源构成上，农副业收入均占绝大比重，在河南、湖北、湖南、江西等省两者收入比重占新中农和新富裕中农家庭总收入的90%以上。在商品经济相对发达的广东省，与其他几个省份相比，农业收入所占的比重相对较小，而副业和其他收入所占的比重较大。从当时的调查情况来看，广东省农户的主要副业收入是养猪、鹅、鸭和种植瓜菜等，其他收入主要是工薪、侨汇及兼做小买卖等。表明土改后农户收入的增加及经济地位的上升主要依靠自身劳动而不是占有他

人劳动的结果。

土改后，农村经济呈现较明显的中农化趋势，但农村仍存在 30% 左右的贫农阶层，但他们面临困难的程度和经济发展的趋势是不同的。其中大部分虽然是贫农，但经济呈上升趋势，已接近中农水平。据陕西省 17 个乡的调查，1954 年贫雇农占总户数的 21.66%，占总人口的 16.21%，占劳动力的 16.50%，占土地的 13.79%，占耕畜的 9.48%。至于贫困的原因，据对清涧樊家岔乡、米脂善家坪乡、长安雷村乡 3 个乡的分析统计：（1）家底薄、地少人多，缺劳力未能根本改变贫困状况的占 33.82%。长安雷村乡郭引柱 5 口人，6 亩 6 分地，土质不好，地又远，年年受政府照顾，减免公粮。（2）鳏、寡、孤、独，缺乏或丧失劳动力的占贫雇农的阶层的 30%。（3）天灾、疾病、死亡等意外开支，影响经济上升的占 19.05%。（4）旧债多，长期归还不清的占 10%。长安雷村乡 10 户贫农调查，1952 年以前欠国家银行 222 元，私人借贷 175 元，信用社贷款 343 元，计 740 元，每户平均欠债 74 元，折小麦 2075 斤，1954 年，全年粮食收入才 5950 斤。（5）过日子没计划，不勤俭，或做生意赔本影响上升的占 5.23%，樊家岔乡就有 4 户放弃农业生产，倒贩牲口、驮脚、卖布，不节省，赔钱后佃地抵当，致经济不能上升。（6）个别劳动力不好的懒汉占 1.9%。[①]

另据豫、鄂、湘、赣、粤 5 省 35 个乡调查，1953 年，河南省贫农户占农户总数的 16.70%，其中 69% 的贫农（占全体农户的 11%）已接近中农水平，鄂、湘、赣 3 省贫农户占 33%，其中的 64%（占全体总农户的 21%）已接近中农水平，广东省贫农占 38.87%，其中的 63%（占全体总农户的 24%）已接近中农水平。[②] 该调查报告也认为，占农村总户数 20%—30% 的接近中农户，预计到 1955 年大部分可上升为中农，届时中农将占农村总户数的 60% 甚至 70%。这部分贫农户上升缓慢的基本原因是原家底薄，生产资料不足，在土改中又未得到充分满足。

新中国成立初期，农民家庭经济规模小，收入少，缺乏积累，生产和抵御天灾人祸能力低下，天灾人祸对根底浅薄农家的打击是沉重的，加之

---

① 《陕西省农村调查》，《八个省土地改革至 1954 年的农村典型调查》，第 33—34 页，山西省档案馆，21 - 8 - 1 - 2。

② 中共中央中南局农村工作部：《中南区 35 个乡农村经济调查总结》（1954 年 7 月），湖北省档案馆，SZ - J - 514。

没有健全的社会保障制度，往往引起农民因病而负债、致贫、返贫的现象。

综上所述，土地改革结束后的一两年中，农村经济有了一定程度的发展，农户生产规模普遍有所扩大，农民收入有了一定幅度的提高，农村各阶层已发生了新的分化，分化结果表明，农村中的老贫农已有一半左右上升为中农，尚未达到中农水平的大部分贫农经济正在上升，可望在几年内上升为中农，仍有较大困难的少数农户，其主要是因缺乏甚至没有劳力或因劳动负担人口较重以及遭受天灾人祸打击等。

第二节　农业生产合作社发展与农家收入变化

农业合作社替代了之前小农家庭经营形式，解决了单个小农生产上的诸多困难，同时由于国家对合作社的种种援助，促进了合作社农业生产的发展，也在一定程度提高了农民收入水平。但随着合作化的发展，分配方式也发生了重要变化，致使社内农民的收入出现增收的差异性。

一　合作化过程中农家收入变化趋势

农业集体化运动的初期，农业生产合作社由于得到政府大力扶持，再加上合作社规模较小，便于经营管理。因此，建社初期有效增加了生产投入和技术改良，对于提高当时的农业生产力及增加社员收入较为明显，显示出比单干户和互助组的优越性。据调查，1954年，参加秋收分配的10万个合作社中，有90%以上的社有不同程度的增产。[①] 另据国家统计局的抽样调查，1954年，全国农户平均总收入为692.9元，其中社员户为704.6元，贫雇农为488.7元，中农为774.4元，富农为1297.0元，过去的地主为497.20元，社员户的收入大大超过贫雇农，略低于中农。[②]

又如江苏省对500农户的调查，1954年参加各种生产互助组织的农户粮食和现金收入情况如表2-10所示。

从表2-10反映情况看，参加各类农业互助合作组织农户的粮食和现金收入均比个体农户高，显示其确实具有一定的优越性。

---

① 武力：《农业合作化过程中合作社经济效益剖析》，《中国经济史研究》1992年第4期。
② 中华人民共和国统计局：《1954年全国农家收支调查资料》（1956年5月），广东省档案馆，MA07—61·222。

表 2 - 10　1954 年江苏省参加各种生产互助组织的农户粮食和现金收入

生产互助组类别	粮食收入		现金收入	
	户均 （市斤）	为总平均 百分比（%）	户均 （元）	为总平均 百分比（%）
参加秋收分配的社员户	4284.00	126.98	437.64	164.48
未参加秋收分配的社员户	4005.00	1187.71	289.95	111.52
常年互助组组员户	4078.00	120.88	314.24	120.86
临时互助组组员户	3206.50	95.04	262.90	101.11
个体农户	2858.00	84.65	213.99	82.29
总平均	3373.50	100	260.00	100

资料来源：江苏省统计局编：《江苏省 1954 年农民家计调查资料汇编》，1956 年 4 月，江苏省档案馆，3133 - 永 - 58。

但在兴办合作社的热潮之下，由于在办社过程中步子过快、盲目贪多求大倾向，引发一些干部的强迫命令、简单粗暴的作风，违背了办社自愿互利的原则，在耕畜和大型农具入社作价等问题上对中农利益的侵犯，使农民对合作社普遍产生了吃"大锅饭"、"合伙生产"、"二次土改"的误解，产生了对生产资料"归公"的恐慌，进而引起了社会的混乱。

二　农业合作化完成后农家收入变化

至 1956 年年底，原定 15 年左右完成的农业合作化，只用了 4 年时间完成。下面讨论合作化完成后农户收入变化情况。

（一）高级社总体收入分配状况

根据吉林、山西、陕西、河南、湖北、江西、贵州等省高级农业生产合作社的典型调查，各地高级社 1956 年的收入分配情况如表 2 - 11 所示。

表 2 - 11　　　　　　1956 年调查省的高级社收入分配情况

	收入			分配				
	总收入 （元）	其中		税收 （%）	社内扣 除部分 （%）	分配给 社员 （%）	其他 （%）	合计 （%）
		农业 （%）	其他 （%）					
吉林 21 社	4002802.74	82.02	17.98	16.16	22.75	61.04	0.05	100
山西 6 社	1384893.63	86.15	13.85	9.92	28.18	61.90	—	100
陕西 10 社	1009027.75	87.37	12.63	10.13	25.50	64.37	—	100

续表

	收入			分配				
	总收入（元）	其中		税收（%）	社内扣除部分（%）	分配给社员（%）	其他（%）	合计（%）
		农业（%）	其他（%）					
河南 114 社	18801844.00	94.60	5.40	9.48	23.88	66.64	—	100
湖北 15 社	1476254.00	89.93	10.07	7.36	21.64	71.00	—	100
江西 9 社	968236.37	85.50	14.50	8.55	24.25	67.20	—	100
贵州 28 社	3087579.00	89.91	10.09	9.48	17.10	72.93	0.49	100

注：（1）其他收入中包括副业、动物饲养、林业等；（2）社内扣除部分包括生产费用、管理费用、公积金、公益金及特殊生产资料报酬等。

资料来源：根据中共中央农村工作部办公室：《17 个省、市、自治区 1956 年农村典型调查》（内部资料），中共中央农村工作部办公室编印，1958 年 2 月，第 7、9、44、124、136、137、213、314、359 页整理。

表 2－11 显示，调查社的收入结构中，农业收入占绝大比重，高级社生产经营有向单一化发展趋势，其中河南省 114 个高级社农业收入所占比重高达 94.60%，副业及其他收入仅占 5.40%，反映了高级社的生产经营中重农业、轻副业的思想，农副业生产未能很好地结合。

1956 年我国农业合作化基本完成，参加秋收分配的入社农户达到 1.1 亿多户。1956 年，全国 24 个省、市、自治区（除广东、福建、新疆）进行收益分配的有 869686 个农业社，有社员 10035.6 万户，社员户的人口 43949.3 万人，参加社的劳动力 21334.4 万人。在这近 87 万个农业社的社员户中，高级社占 70.9%，每社平均 246 户；初级社占 29.1%，每社平均 50 户。在各生产类别的社员户中，技术作物社占 3.8%，平均每社 184 户；蔬菜社占 0.4%，平均每社 174 户；粮食作物社占 95.3%，平均每社 114 户；其他社（包括畜牧、果林、林业社及其他结合社等）占 0.5%，平均每社 90 户。据调查推算，近 87 万个农业社，全年总收入（毛收入）为 316.1 亿元①，总收入按入社户数平均计算为 315 元。在总收入中，农

① 各省、市、自治区的资料是由各地区根据当地的情况，选出具有代表性的典型社进行调查，然后以典型社资料推算求得全面数字，各地选择的典型社数目不尽一致，一般不少于全部社数的 1%。

作物主副产品收入为283.8亿元，占89.8%；果、茶、林产品收入为3.8亿元，占1.2%；动物饲养（不包括耕畜的繁殖增重，下同）收入为5.1亿元，占1.6%；手工、运输等副业收入（不包括社员家庭经营部分）为21.4亿元，占6.8%；其他收入为2.0亿元，占0.6%。[1]

分高、初级社看，虽然各地区高级合作化程度和各类别社收入对比有所影响，但一般来说，高级社生产还是较初级社优越。1956年对全国87万个合作社社员的收入状况推算，高级社户均收入为337.9元，初级社只有259.2元；分项收入按入社户数平均计算，除动物饲养高级社略低于初级社外，各项收入均高于初级社，其中手工业、运输等副业收入，高级社比初级社高一倍多。具体情况如表2-12所示。

表2-12　　　　　1956年高级社、初级社社员户均收入情况　　　　单位：元

	总收入	农作物主副产品收入	果茶林产品收入	动物饲养收入	手工、运输等副业收入	其他收入
高级社	337.91	301.11	4.0	5.1	25.3	2.4
初级社	259.20	238.20	2.9	5.2	11.6	1.3

资料来源：《1956年全国24个省、市、自治区农业生产合作社收益分配调查资料》（内部资料），中华人民共和国国家统计局编，1957年12月，第7页。

从表2-12反映的情况看，在社员的户均收入方面，高级社要比初级社高出30.36%，显示出高级社比初级社的优越性；在收入结构方面，高级社中社员的农业收入占全部户均收入的89.11%，表明从合作社取得的农业剩余分配是农户最主要的收入来源。

副业是农户增加收入的重要手段，如据国家统计局对23省15432户农家1954年收支情况调查，农业收入占农户总收入的58.5%，其他副业（含动物饲养、采集渔猎、农产品加工、家庭手工业等）收入占全部收入的41.5%。[2] 实现合作化后，政府在政策上容许社员家庭可以经营少量的家庭副业。但由于实际存在种种限制，如劳动力的自由度大大削弱，许多副业依托的自留地数量太少，资金和工具不足，流通不畅，以及地方政府

① 中华人民共和国国家统计局编：《1956年全国24个省、市、自治区农业生产合作社收益分配调查资料》（内部资料），1957年12月，第5、7页。
② 国家统计局：《1954年我国农家收支调查报告》，中国统计出版社1957年版，第50页。

或农业社人为地禁止私人进行许多项目的经营，社员家庭副业困难重重，从而导致副业收入占全部收入比重减少。如吉林省调查，主要是"由于农业生产合作社经营管理不善，社干部有重大宗、轻零星、重农业、轻副业、重集体、轻个人的思想，以致副业报酬不合理，未能得到及时解决。"除此之外，"有的社甚至采取了各种办法来限制社员家庭进行副业生产。如临江县的一心社把社员的老母猪集中到社饲养，由于社的饲养员不经心，配种不当，生殖率低，且仔猪死亡率大（饲养管理的不好），因而缺乏仔猪。靖宇县灯塔社是山区，副业门路广，社员习惯在农闲期间利用早晚下套子、下夹子，趁雨天挖贝母、细莘、捡木耳等，这笔收入很大，不仅能解决油盐问题，还可以解决换季缺粮。建高级社后强调一切副业统一，干活回来道上打狍子、早晚套野牲口都得归社，结果社员把夹子、套子起了，雨天也不上山了，这就大大影响了社员生产的积极性。"[①]又如河南省调查，"在经营方针上，部分社存在单一化的偏向，特别是对社员家庭副业更加忽视"，"有些社干部怕影响社内劳力统一调配，不敢叫社员发展家庭副业和手工业"，在该省灾区"部分社由于副业开展不好，加上政府救济工作赶不上，使部分社员生活困难不能解决。确山县李楼社农业减产3成多，社内集体副业开展不好，社员家庭副业收入减少14%，造成全社缺油盐吃的294户，占总户数的64%"。[②]总体来看，合作化后农户收入趋于单一化方向发展。

（二）社员收入变化情况

下面考察高级社社员1956年人均纯收入与1955年相比的变化情况，根据对吉林、辽宁、陕西、湖北、江西等省高级社的典型调查整理如表2-13所示。

表2-13显示，总体看，1956年所调查的高级社社员的人均纯收入均比1955年有不同程度增加，其中吉林调查社增加幅度最大，接近40%。但是从各阶层收入增加的幅度来看，普遍情形是贫农、下中农及地主（因为地主入社前生产力较低，土地质量又相对较差，所以入社后纯收入显著提高）增加的比例更高，超过调查社总体平均增幅。新、老上中农阶层，除江西、陕西调查社的农户的增收幅度分别高于调查社平均增

---

① 《吉林省农村调查》，《17个省、市、自治区1956年农村典型调查》，第5—6页。

② 《河南省农村调查》，《17个省、市、自治区1956年农村典型调查》，第145、152、155、156页。

幅 3.74 个百分点、1.74 个百分点外，其余各地该阶层均低于调查社的平均增幅水平；富农阶层其收入增加的幅度则低于平均水平，甚至出现负增长。

表 2-13　　1955 年、1956 年高级社社员人均纯收入变化情况

		贫农	新下中农	老下中农	新上中农	老上中农	其他劳动者	新富农	旧富农	地主	其他剥削者	平均
吉林21社	1955 年人均纯收入(元)	43.65	61.57	50.20	65.96	55.19	50.59	54.58	51.54	41.96	—	53.29
	1956 年人均纯收入(元)	76.12	70.96	68.71	79.86	66.34	55.02	56.11	69.72	66.13	—	72.88
	1956 年比 1955 年增减%	74.39	15.25	36.87	21.07	20.20	8.76	2.80	35.27	57.60		36.76
辽宁3社	1955 年人均纯收入(元)	32.66	55.45	62.18	68.84	73.47	60.92	116.84	—	67.35		—
	1956 年人均纯收入(元)	89.05	98.52	94.08	74.19	106.73	126.60	104.39		87.29		—
	1956 年比 1955 年增减%	172.66	77.67	51.30	7.77	45.27	107.81	-10.66		29.61		—
陕西9社	1955 年人均纯收入(元)	61.29	79.44	68.07	91.61	91.61	86.53	—	113.66	71.19		74.14
	1956 年人均纯收入(元)	77.05	102.51	81.70	85.88	109.43	78.65	—	110.12	86.38		87.28
	1956 年比 1955 年增减%	25.71	29.05	20.02	-6.25	19.46	-9.11		-3.11	21.34		17.72
湖北15社	1955 年人均纯收入(元)	53.00	67.00	64.00	82.00	76.00	—	—	71.00	63.00		68.36
	1956 年人均纯收入(元)	64.00	75.00	71.00	89.00	82.00		—	80.00	88.00		76.67
	1956 年比 1955 年增减%	20.75	11.94	10.94	8.54	7.89			12.68	39.68		12.16
江西9社	1955 年人均纯收入(元)	48.75	54.91	59.65	65.35	60.31	53.10	—	60.45	48.01	45.26	55.01
	1956 年人均纯收入(元)	56.97	62.88	63.97	75.77	64.50	60.60	—	59.43	54.81	51.81	61.72
	1956 年比 1955 年增减%	12.20	14.51	7.24	15.94	6.94	14.12		-1.69	14.16	14.47	12.20

注：辽宁省的调查，是把地主与旧富农的收入合并在一起计算的，且该调查没有给出各阶层的人口及总收入数据，因此难以计算出当时该省调查户的平均收入情况。

资料来源：根据中共中央农村工作部办公室：《17 个省、市、自治区 1956 年农村典型调查》（内部资料），中共中央农村工作部办公室编印，1958 年 2 月，第 12、30、127、219、320 页整理。

另据全国 18 个省（区）446 个社调查，1956 年人均实际收入为 61.2元，较之 1955 年的 52.6 元，增加了 16.3%；贫农 1956 年人均收入 56.8元，较 1955 年的 45.1 元增加 26.1%；新下中农 1956 年人均收入 64.4元，较 1955 年的 53.2 元增加 21.2%；老下中农 1956 年人均收入 60 元，较 1955 年的 53.1 元增加 12.9%；新上中农 1956 年人均收入 65.1 元，较1955 年的 58.5 元增加 11.1%；老上中农 1956 年人均收入 68.4 元，较

1955 年的 65.5 元增加 4.5%；富农 1956 年人均收入 59.6 元，较 1955 年的 54.5 元增加 9.4%。[①] 上述表明，高级合作化第一年，人均收入水平上产生了较为明显的变化，贫农及新、老下中农人均实际收入水平有显著增加，增加幅度也最大，老上中农、富农两个阶层的农户增收幅度相对较低。

高级社的分配中取消了土地报酬，同时，很多高级社是由初级社合并而来的，以高级社为基本单位实行"按劳分配"，这样就不可避免地出现高级社内部原来的穷社共富社的产，穷社、富社之间平均分配，产生贫富拉平现象。如湖北省调查的 15 个社，都是原来若干个小社合并的，由于各个小社原来的收入水平不同，有的社 1956 年虽大大增产了，所以，统一分配下来有些原来收入大的户增加收入不多甚至减少；麻城县五爱社第十七生产队，社员反映："我们减少收入，是被别队扯了"，要求再分开办社；该省长阳县坪丰社 151 户，4 个队以第二队生产条件好，分配结果，二队平均每户减收 18.4%，其他 3 个队平均每户增加 9.5%，全社 51 户减收户中，二队占 25 户，占减收户的 49%，占全队户数 58 户的 47.1%。[②] 贫富拉平引起一部分原先富裕社队农民的不满。

第三节　统购统销政策的实施及其对农户收入的影响

随着大规模工业化建设的展开，粮食购销出现危机，为了保障粮食低价收购和供应，促进工业化建设顺利进行，1953 年 11 月，国家出台统购统销政策，该政策实施后很快扭转了粮食购销失衡局面，对农户的收入也产生了影响。

一　粮食购销危机

1952 年年底，随着国民经济大规模建设的展开，工业人口和城市人口迅速增加，1953 年城镇人口比上年增加了 663 万人。[③] 虽然工业原料作

---

① 中共中央农村工作部办公室资料组编：《农业合作化第一年廿五个省（区、市）农业生产合作社典型调查》，中国农业出版社 1959 年版，第 110 页。

② 《湖北省农村调查》，《17 个省、市、自治区 1956 年农村典型调查》，第 218 页。

③ 国家统计局综合司编：《全国各省、自治区、直辖市历史统计资料汇编（1949—1989）》，中国统计出版社 1990 年版，第 2 页。

物种植地区扩大了，工业用粮比过去增多。同时，土改后农民在生产发展的基础上生活有所改善，消费粮食比过去增多。一方面，粮食需求量猛然上升；另一方面，农村粮食总产量增加的同时收购量反而下降，使得原本十分脆弱的粮食供求稳定局面被打破。1952 年下半年开始，我国粮食购销形势再度紧张，到 1953 年春情况更加严重。当时的情况是：

（一）国家粮食部门购少销多，逆差急剧扩大

据粮食部门报告，1952 年 7 月 1 日至 1953 年 6 月 30 日粮食年度内，国家共收入粮食 547 亿斤，比上年增加 8.9%，支出 587 亿斤，比上年增加 31.6%，收支相抵，赤字 40 亿斤。1953 年 6 月 30 日粮食库存由上年同期的 145 亿斤减为 105 亿斤。[1] 进入 7—9 月这三个月后，情况更为严重，在收购旺季的这三个月中，国家共收购粮食 98 亿斤，超过原定计划 7 亿斤，但销售达 124 亿斤，超过原计划 19 亿斤，库存又减少 12 亿斤，10 月，国家粮食销售量又比上年同期增加 31.3%。[2] 收得多，但销得更多，赤字越来越大。

（二）不少地方发生混乱

当时，由于粮食自由市场的存在，社会上一些粮食投机商利用尖锐的粮食供需矛盾，兴风作浪，抢购粮食，与国营粮食部门争夺市场，在受灾市场、小城镇已开始发生混乱，有些地区数千人以至上万人在国家售粮点排成长龙争购粮食。江苏苏南地区，投机商利用变相提价，拦路收购等方式购进新稻，1952 年 10—11 月间，个别私商收购比重高达 90% 以上。江西吉安市，1952 年 12 月 18—22 日 5 天内，上市的稻谷全部被私商收走。不法私商还在农村大肆购买青苗谷，1953 年青黄不接之时，湖北潜江县腰河乡被私商买青苗谷 13 万多斤。浙江温州专署粮食局在温州蒲江乡 36 个村调查，有 74% 的农民卖了青苗或禾花谷。粮食投机商预购青苗的价格，一般比牌价低 20%—30%，有的则低 40% 以上。各地私商抢购粮食有一套与国营粮食部门作斗争的策略：从集中转向分散，从公开转向隐蔽，从城市转向农村。粮食投机市场的存在严重干扰了国家购销计划的实现，导致粮食供需矛盾更为紧张。

由于以上原因，国家收购计划不能完成，而销售大大突破计划。1952

---

[1] 薄一波：《若干重大决策与历史事件的回顾》上册，中央党校出版社 1991 年版，第 256 页。

[2] 陈云：《陈云文稿选编》（1949—1956），人民出版社 1982 年版，第 189—192 页。

年下半年起，全国许多地区出现抢购粮食的现象。如河南省洛阳、许昌等地，群众纷纷出售棉花、生猪，抢购小麦。到 12 月，情况更加严重，抢购之风由局部蔓延到河南全省，这种粮食局势，到 1953 年上半年各地继续发展，河南南阳市各供应点经常聚集上千人排队争购。江苏省如东县的向蒲镇，竟发生万人请愿，要求卖掉棉花、生猪而购买粮食。抢购之风，导致粮食牌价和市价脱节。1953 年春，江苏省杂粮市价高出牌价 15%，有的地区高出 30%，河南、安徽、山东、陕西、河北、陕西等省的粮食市价，一般高出牌价 10%—20%。由于粮食市价高于牌价，在产粮区国家也很难收购到粮食，如江西赣州地区稻谷牌价每百斤 5.05 元，而私商抬高到 5.50—5.80 元，使粮食收购比重由原占上市量的 70%，下降到只占 2.9%。湖南、湖北两省粮食产区国家收购粮食所占上市量比重亦由60%—70% 下降为 10%—30%。①

粮食供给长期短缺，而需求量却不断增加，自由市场存在的条件下，导致粮食价格上涨。粮价的上涨使得农民更加惜售，待价而沽。同时，由于私商的投机活动，更加剧了粮食市场紧张状况，粮价上涨幅度更大。粮食市价与牌价严重脱节，继而引发多种生活资料的价格波动，严重影响了百姓的日常生活，更为严重的是"如果放任这种波动，就会引起人心不安，社会震动，大规模经济建设就很难进行"。② 农业是当时中国工业化建设重要的资金积累来源，粮价的上涨最终将导致工业化成本的上升。为稳定粮价，降低工业化成本，政府不得不进行一系列变革，以保证粮食的正常收购和供应。解决这一问题的办法就是实行统购统销政策。

粮价的上升，进而引起种植粮食的土地相对价格上升。土改后实行土地私有制，激发农民保护各自产权，更集约地使用土地，从而获得更多的收益。而国家"在暴力方面具有比较优势的组织"，"处于界定和行使产权的地位"。③ 为实现对土地资源的控制，国家会利用其强制力，来重新界定土地产权形式，尽可能保证以低价收购工业化建设所需的粮食。

二　统购统销政策

粮食购销的严峻形势，引起了中共中央的高度重视，为解决这一问

---

① 《当代中国》丛书编辑委员会编：《当代中国的粮食工作》，中国社会科学出版社 1988 年版，第 69—70 页。

薄一波：《若干重大决策与历史事件的回顾》上册，中央党校出版社 1991 年版，第 258页。

③ 诺思：《经济史中的结构与变迁》，上海三联书店 1991 年版，第 21 页。

题，统购统销政策开始酝酿和出台。

解决粮食的办法，经过广泛征求意见并在全国粮食会议进行认真讨论和研究后，陈云最后提出采取"又征又配"的政策，即实行粮食的计划收购和计划供应，简称统购统销。这一重大决策，经陈云向中央提出后，立即得到毛泽东和周恩来的支持和赞许。中央随即于 1953 年 10 月 16 日做出《关于实行粮食的计划收购与计划供应的决议》。同年 11 月 19 日，政务院第 194 次政务会议通过《关于实行粮食的计划收购和计划供应的命令》。1953 年 12 月初开始，除西藏和台湾地区外，全国城乡开始实行粮食统购统销。

统购统销政策包括对农村余粮户实行粮食计划收购（以下简称统购）政策，对城市和农村缺粮人口实行粮食计划供应（以下简称统销）的政策，以及由国家严格控制粮食市场，严禁私商自由经营粮食的政策。在实施统购统销的第一个月，国家收购粮食就比 1952 年同期增加 38%，并一举扭转了前一阶段出现的销大于供的被动局面。在 1953—1954 年粮食年度内，全国实际收购粮食 784.5 亿斤，比 1953 年 10 月全国粮食会议提出的计划超过 75.5 亿斤，比上年度多收 177.9 亿斤，增长 29.3%。这一年度内，国家销售粮食 596.4 亿斤，比上年多销 135.3 亿斤。但购销相抵，库存有了较大幅度的增加。[①] 统购统销政策的实施，终于使政府渡过了难关，扭转了粮食购销紧张的被动局面。

1953 年年底实施粮食统购统销之后，中国又于 1953 年年底和 1954 年夏分别对食油和棉花实行了统购统销。

统购统销政策不仅是单纯的购销制度，它是一系列制度的总称：在流通领域，主要实行对主要农产品的国家垄断，限制城乡集市贸易，严禁民间长途贩运。在生产领域，主要实行指令性生产计划，严格控制生产的范围和领域，以降低农产品生产的机会成本，并逐渐强化国家对土地产权的控制，严禁土地的买卖；限制农业劳动力的流动，压低劳动力的机会成本，以维持农产品的低收购价格。在分配领域，对农民实行统购派购，对城市居民低价配给食物和其他福利，对企业供给低价原料，并通过财政手段集中城市工商各业超额利润。

---

① 陈吉元等编：《中国农村经济社会变迁 1949—1989》，山西经济出版社 1993 年版，第 182 页。

统购统销最明显的两个特征：一是低价。即粮食的收购价格长期低于市场价格，在1953—1978年间，国家的粮食收购价格仅上涨50%，同期粮食自由市场价格却上涨了近3倍。[1]　二是强制。自实行统购统销政策以来，除极短的一段时间外，政府一直强调统购统销的任务性质，强调完成国家收购任务是农民应尽的义务，粮食的收购任务也一直依靠行政手段强制来完成。

统购统销制度形成后，国家为了保证农产品低价收购政策的运转，就强制性取消自由市场，由国家垄断市场。同时，为了保证低价统购派购条件下农民仍然把资源投入国家工业化所需的农产品生产中，就要求做出新的制度变革，使国家能以行政力量直接控制农业生产。而农业合作社这种生产组织形式正好能满足上述需求，基于上述原因，实行对主要农副产品统购统销后，农业集体化步伐不断加快。

三　统购统销政策实施后对农家收入的影响

（一）统购统销政策实施后农村市场结构趋于单一

中央对当时粮食供销表现的紧张性，认识是"其本质反映了国家计划经济与小农经济、自由市场之间的矛盾，反映了工人阶级与农民自发势力和资产阶级反限制之间的矛盾，归根结底是反映了社会主义因素与资本主义因素的矛盾"。[2]　因此，统购统销政策实施之后农村市场也被限制甚至取缔。从调查情况看，1954年，农户收支结构及商品流转中各种经济成分的作用如表2-14和表2-15所示。

表2-14　　　　　**1954年23个省15432户农户现金收支**
结构中各种经济成分的比重

	现金收入				现金支出			
	国营与合作社	私人资本主义	其他	合计	国营与合作社	私人资本主义	其他	合计
社员户	51.5	0.7	47.8	100.0	61.2	3.1	35.7	100.0
贫雇农	44.0	2.7	53.3	100.0	55.2	6.3	38.5	100.0
中农	51.3	2.3	46.4	100.0	52.6	6.2	41.2	100.0

---

[1]　郑凤田：《制度变迁与中国农民经济行为》，中国农业科技出版社2000年版，第74页。

[2]　薄一波：《若干重大决策与历史事件的回顾》上册，中央党校出版社1991年版，第270页。

	现金收入				现金支出			
	国营与合作社	私人资本主义	其他	合计	国营与合作社	私人资本主义	其他	合计
富农	60.1	2.5	37.4	100.0	48.0	7.5	44.5	100.0
过去的地主	45.7	2.2	52.1	100.0	52.0	4.0	44.0	100.0
总计	50.1	2.3	47.6	100.0	53.4	6.0	40.6	100.0

资料来源：根据中华人民共和国统计局编：《1954 年全国农家收支调查资料》（1956 年 5 月），广东省档案馆，MA07 - 61 - 222 整理。

表 2 - 15　　　　　　　　1954 年 23 个省 15432 户农户商品
流转中各种经济成分比重

	出售收入				购买支出			
	国营与合作社	私人资本主义	其他	合计	国营与合作社	私人资本主义	其他	合计
社员户	56.5	0.8	42.7	100.0	68.1	4.0	27.9	100.0
贫雇农	57.3	3.4	39.3	100.0	60.6	7.7	31.7	100.0
中农	62.9	2.7	34.4	100.0	57.7	7.6	34.7	100.0
富农	69.8	2.5	27.7	100.0	54.9	10.4	34.7	100.0
过去的地主	60.2	2.5	37.3	100.0	58.7	5.2	36.1	100.0
总计	61.9	2.8	35.3	100.0	58.7	7.6	33.7	100.0

资料来源：根据中华人民共和国统计局编：《1954 年全国农家收支调查资料》（1956 年 5 月），广东省档案馆，MA07 - 61 - 222 整理。

　　统购统销就是政府借助政权的强制力量，使农民生产的粮食全部卖给国家，全社会所需要的粮食全部由国家供应，农民自己食用的数量和品种也得由国家批准后才能留下。伴随着统购统销政策的实施，国家不断加强了粮食和其他重要农产品的计划收购与计划供应，国营商业和合作社商业市场范围不断扩大，致使农民的经济活动与国营和合作社商业的联系更为紧密，与私商的经济联系逐渐弱化。

　　据湖北 3 个乡、江西 5 个乡及广东 2 个乡的调查，1952 年，国营经济和合作社经济阵地在农村基本上还处于组建及组织机构的发展阶段，营业额小，物资供应基本上还靠城乡资本主义经济来负担，1953 年稍有壮大，但还没有取得优势，同样在农村商品市场上，许多农民日常所需的生产生活资料，大部分或全部为私商所掌握。如湖北 3 个乡，1952 年人民购买的商品总值，国营与合作社经济只占 37.81%，私商占 62.19%（其中包括农兼商占 6.39%），1953 年国营和合作社经济有了发展，但供应农民的商品，只占农民购买总值的 46.24%，私商占 53.76%。另外，从一些主要商品类型看，国营与合作社经济只是控制了主要工业品，对广大农民需要的副食品和手工业品还大部分或全部为私商所独占经营，1953 年这 3 个乡工业品，国营与合作社经济供应占 85.12%，私商占 14.88%；手工业品国营与合作社经济只占 44.81%，私商占 54.97%；副食品国营与合作社经济只占 33.21%，私商占 66.74%，最突出的如耕畜、家禽还100% 的为私商所经营，其他如肉类、土布、家具等私商经营占 70%—80%。江西 5 个乡的调查情况也大致如此，1952 年，农民购入的商品总值，国营与合作社经济占 33.4%，私商占 44.1%，农民（农兼商）占22.5%。1953 年国营与合作社经济占 38.4%，私商占 39.2%，农民（农兼商）占 22.4%。主要工业品，1953 年国营与合作社经济占 77%，私商占 23%；手工业品，前者占 51.12%，私商及农民（农兼商）占 8.88%；农副产品（猪肉、鸡鸭、酱油等），前者占 28.2%，私商及农民（农兼商）占 71.8%。广东新会北洋乡农民购入商品值，1953 年国营与合作社经济占 33.52%，比 1952 年增加了 90.08%，私商占 66.48%，比 1952 年增加了 17.0%。又如广东中山县外沙乡农民 1953 年购入的商品中，国营与合作社经济占 4.75%，私商占 95.25%，主要工业品的供应国营与合作社经济也不过占 12.17%。[①]该调查材料还指出，从广东 2 个乡的材料来看，农民购买力高，供销社经营额少，不能满足农民日益增长的物质需要，因此私商在发展，特别是农民的"自发势力"找到了温床，如外沙乡在新中国成立前只有 5 家小商店，1952 年增加了 8 家，1953 年做过买卖的农民有 23 家。该调查资料认为，农民经营商品比重很大，这些情况说明供销合作社在农村阵地发展缓慢，私商占有广大的农村商品市场，同

---

① 中共中央中南局农村工作部：《中南区 5 省 35 个乡 1953 年农村经济调查总结》（1954 年7 月），湖北省档案馆，SZ－J－514。

时也助长了农民"自发势力"的发展。

上述情况说明，一方面，统购统销政策实施后，国家为了加大对农村市场的控制，国营和合作社经济的触角在农村不断延伸；另一方面，农民的需求是多样的，单靠某一种市场力量的供给是不能满足农民多层次、多样化的需求。

（二）统购统销政策实施对农家收入的影响

为保证统购统销的顺利实施，国家取消了农村原有的自由市场，限制私商和兼营商业的农民对农副产品和手工业品的购销，并把农民的自由贸易作为"资本主义自发势力"进行批判和打击。市场是连接农户生产、交换和消费的纽带，统购统销政策的实施逐步割断了农民与自由市场的联系，抑制了农民参与市场的积极性，是为达到消灭土改后形成的个体经济和市场因素，实现农业社会主义改造的必要手段。正如中央指出："在实现国家的社会主义工业化和对农业的社会主义改造中，实现国家对粮食和其他重要农产品的计划收购与计划供应具有重要意义。"

粮食统购统销后，据华北地区调查，农村初级市场陷入停顿，给农村经济生活带来一系列影响：（1）农民间的余缺调剂停止了，原来这部分缺粮农民能通过调剂解决的问题，现在得由国家背起来；（2）商业销售受到影响，销售计划完不成，农村货币回笼不上来；（3）不少商贩停止活动，农村土特产收购不上来。[①] 由此，统购统销政策的实施必然会对农户的收入产生影响，其中最突出的表现是该政策实施前后农户占有粮食数量的变化。根据山西省 20 个乡的调查，1953—1954 年农民交公粮前后余粮、不余不缺、缺粮户的变化情况如表 2 – 16 和表 2 – 17 所示。

农户家庭副业大多数是依附于农业的纺织及食品加工业，副业是农户除种植业之外的最大宗收入来源之一。统购统销政策实施后，由于原料的缺乏，导致农户副业收入减少。如据湖北 9 个乡的调查，各阶层副业增减的情况是，贫农：1953 年比 1952 年增加 21%，1954 年比 1953 年减少27%；新中农：1953 年比 1952 年增加 31%，1954 年比 1953 年减少21%；中农：1953 年比 1952 年增加 27%，1954 年比 1953 年减少 44%；富农：1953 年比 1952 年增加 18%，1954 年比 1953 年减少 33%。[②] 副业

---

① 薄一波：《若干重大决策与历史事件的回顾》上册，第271页。
② 《湖北省农村调查》，《八个省土地改革至1954年的农村典型调查》，第112页，山西省档案馆，21 – 8 – 1 – 2。

是农户收入的重要来源，此项收入的减少，必将影响农户收入水平的进一步提升；而农户收入的缓慢增长，必然亦有碍统购统销政策的顺利实施。

表 2 - 16　　　　　1953 年山西省20 个乡农民交公粮前后
余粮、不余不缺、缺粮户变化情况　　　　单位：市斤

		户数	比重（%）	粮食收入	人均	四扣	余粮（+）缺粮（-）	余粮占余粮户粮食收入的比重（%）
交公粮前	余粮户	4590	76.58	15407667	852	8809899	+6598067	42.82
	不余不缺户	269	4.49	500537	417	520398	-19861	—
	缺粮户	1135	18.39	1287472	285	1936988	-649516	—
交公粮后	余粮户	3986	66.50	12254737	782	7603602	+4651134	37.69
	不余不缺户	324	5.41	595320	421	615669	-20349	—
	缺粮户	1684	28.09	2041113	304	3047717	-1006604	—

注："四扣"包括口粮、饲料、种子和公粮。

资料来源：《山西省农村调查》，《八个省土地改革至1954 年的农村典型调查》，第11 页，山西省档案馆，21 - 8 - 1 - 2。

表 2 - 17　　　　1954 年山西省20 个乡农民交公粮前后余粮、
不余不缺、缺粮户的变化情况　　　　单位：市斤

		户数	比重（%）	粮食收入	人均	四扣	余粮（+）缺粮（-）	余粮占余粮户粮食收入的比重（%）
交公粮前	余粮户	3959	64.59	12227440	804	7425495	+4801945	39.27
	不余不缺户	395	6.48	718661	436	734122	-15460	—
	缺粮户	1741	28.57	2141319	286	3185610	-1044291	—
交公粮后	余粮户	3120	51.18	8843332	755	5791445	+3051886	23.85
	不余不缺户	461	7.58	822509	439	847834	-25325	—
	缺粮户	2514	41.24	3129288	291	4705614	-1576325	—

资料来源：《山西省农村调查》，《八个省土地改革至1954 年的农村典型调查》，第11 页，山西省档案馆，21 - 8 - 1 - 2。

国民经济恢复后，中共根据国内和国际形势发展状况，推行重工业优

先发展战略，而在新中国成立初期，中国工业基础十分薄弱，按当时的标准看，现代工业只占10%，农业和手工业占90%，将近90%的人口生活在农村和在农业就业。重工业作为资本、技术密集型的行业，具有以下特点：一是建设周期长；二是在建设的初期，大部分技术和设备需从国外引进；三是初始的投资规模巨大。而当时中国经济发展水平极低，主要表现在：一是资金十分短缺，1952年人均国民收入只有104元，低水平的收入制约了工业化建设所需的资本积累；二是中国经济处于封闭和自给自足状态，可供换汇产品极为有限，加之与主要资本主义国家经济关系不正常，获取外汇的机会更少了；三是经济剩余少，并分散在农村，筹资能力弱，而农民在土地改革后，获取的收入也主要用于改善自己的生活。这种状况与国家发展重工业的要求极不适应。

实行赶超战略的难题在于如何动员资源以支持没有自生能力的重工业的发展，由于赶超规模过于庞大，政府不得不采取财政直接补贴方式以支持重化工业发展；要获得必要的财政收入，不得不对创造经济剩余的农业部分课以较高的税收。于是，中共在1953年11月出台统购统销政策。而农业生产由于分散且经济剩余少，政府在农村地区收税能力低，税收成本高。因此，政府不得不在农村进行制度变革，这种新的制度安排需要满足两个条件，一方面，可以促进农业生产的发展，增加农业收入，提高税收的基数；另一方面，也可以使得政府能以较低的课税成本来获得更多的财政收入。而农业集体化这种形式恰好能满足上述两方面的要求，这便是土地改革后中共在农村实行农业集体化的重要经济原因。

第三章 农村经济体制变迁中
农家收支结构演变

农家收支水平是衡量一地经济荣枯和生活水平的重要指标，也是农村经济变迁的直观反映。在具有浓厚自给自足色彩的小农经济状态下，在农家的收入结构中，农副业是农户最重要的收入来源，但由于农业生产力落后，此项收入还不足以满足农户日常支出所需，因此，农户还得通过家庭手工业、借贷、出雇等方式补助家庭开支。在农户支出结构中，生活性开支占绝大比重，而生产性消费所占比重较小。总体来看，当时农民消费具有较强的自给自足特点。

第一节 农家收入结构

一 农家总体收入结构状况

（一）合作化完成前农家收入构成

在传统"耕织结合"的小农经济中，农业和副业是农家最重要的收入来源。根据国家统计局对 1954 年农家收支抽样调查①，当时农户的收入结构如表 3－1 所示。

表 3－1　　　　1954 年 23 个省 15432 户农户的收入结构情况　　　单位：元、%

		总收入	农业收入	副业收入	其他收入
总计	平均每户	692.9	420.6	172.8	99.5
	比重	100.0	60.7	24.9	14.4

① 国家统计局 1954 年的农家收支调查仅对抽样农户 1954 年的收支状况进行了调查，缺乏一个纵向的比较。

续表

		总收入	农业收入	副业收入	其他收入
社员户	平均每户	704.6	466.4	160.5	77.7
	比重	100.0	66.2	22.8	11.0
贫雇农	平均每户	488.7	272.6	138.5	77.6
	比重	100.0	55.8	28.3	15.9
中农	平均每户	774.4	479.7	187.0	107.7
	比重	100.0	62.0	24.1	13.9
富农	平均每户	1297.0	860.6	254.0	182.4
	比重	100.0	66.3	19.6	14.1
过去的地主	平均每户	497.2	286.0	133.3	77.9
	比重	100.0	57.5	26.8	15.7

注：其他收入包括新建房屋、手工业产品、货运收入、出雇收入等。

资料来源：根据中华人民共和国统计局《1954年全国农家收支调查资料》（1956年5月），广东省档案馆，MA07－61—222整理。

　　从表3－1可以看出，1954年，在农民平均每户总收入692.9元的构成中，以农业收入为最多，占60.7%；其次为副业，占24.9%。农业收入和副业收入在各组农户的总收入中所占的比重是不同的：农业收入以富农和社员户所占比重为最高，各占其总收入的66.3%和66.2%，说明这两个阶层的农业生产条件较好，虽然当时参加合作社的农户以雇贫农和下中农占优，但由于国家给予新成立的合作社大量农业贷款扶持，也在一定程度改善了参加农业合作社的农户的生产条件；贫雇农所占比重为最低，只占其总收入的55.8%，说明这个阶层在农业生产中还存在诸多困难。但副业收入的情况适得其反，以贫雇农的副业收入占其总收入的28.3%为最高；其次为过去的地主，副业收入占其总收入的26.8%；而富农的副业收入，只占其总收入的19.6%。其他收入在总收入中所占比重也以贫雇农和过去的地主为最高。在其他收入中，出雇收入以贫雇农最多，中农次之，富农最少；除此之外，大体均以富农最多，中农次之，其中富农的货运和出租生产资料收入高于其他农户达1—2倍。各阶层农户平均的副业收入和其他收入如表3－2和表3－3所示。

表3-2　　　　　　1954年23个省15432户农户副业收入　　　　单位：元

	副业收入合计	采集渔猎产品	农产品初步加工	消费者加工	自用手工业产品
总计	172.8	73.7	27.2	7.3	64.6
社员户	160.5	49.4	32.8	2.9	75.4
贫雇农	138.5	65.0	20.2	6.3	47.0
中农	187.0	78.7	29.3	8.0	71.0
富农	254.0	90.6	48.4	10.6	104.4
过去的地主	133.3	57.3	22.2	3.9	49.9

资料来源：根据中华人民共和国统计局《1954年全国农家收支调查资料》（1956年5月），广东省档案馆，MA07-61-222整理。

表3-3　　　　　　1954年23个省15432户农户其他收入　　　　单位：元

	其他收入合计	新建房屋	手工业产品	货运收入	出雇收入	出租生产资料收入	杂项收入
总计	99.5	20.4	10.2	5.9	10.3	2.7	46.4
社员户	77.7	22.8	4.2	1.9	5.3	0.7	42.8
贫雇农	77.6	13.1	7.2	3.8	13.5	1.8	38.2
中农	107.7	28.9	11.6	6.8	9.4	2.8	48.2
富农	182.4	39.8	18.1	15.5	4.8	12.5	91.7
过去的地主	77.9	6.5	8.0	3.8	6.5	4.4	48.7

资料来源：根据中华人民共和国统计局《1954年全国农家收支调查资料》（1956年5月），广东省档案馆，MA07-61-222整理。

由于中国近代工业起步较晚，手工业在中国工业生产中占有重要地位，20世纪30年代，中国制造业总产值中，手工业占70%强，矿冶业总产值中，手工业约占25%。[1] 抗战以来到新中国成立为止，中国手工业处于帝国主义的经济侵略、官僚资本的压迫剥削、现代工业的排挤以及战争的破坏之下，据全国重点省市的18种手工业产品估算，手工业破坏了47%，在18种主要产品中，农村生产资料如铁器农具、皮革的产量，约

---

① 许涤新、吴承明主编：《中国资本主义发展史》第三卷，人民出版社2003年版，第187页。

占战前的 62.4%，城乡人民生活资料如土布、糖、针织、毛毯、酒等，只占战前的 55.9%；国内外销售的手工业产品如花边刺绣、夏布、丝织品、草帽辫、瓷器等，仅占战前的 46.8%，其他迷信用品如爆竹、锡箔等约占战前的 42.6%。[①] 新中国成立后，随着人民民主政权的建立，国民经济的恢复与发展，市场统一，物价稳定，国营经济的扶助，人民购买力日益增长等政治、经济及社会条件的根本变化，手工业也得到了一定程度的恢复和发展，成为国民经济中的重要组成部分，如表 3-4 所示。

表 3-4　　　　　1949—1955 年中国工业总产值及其结构　　单位：百万元、%

	1949 年		1952 年		1953 年		1954 年		1955 年	
	产值	比重	产值	比重	产值	比重	产值	比重	产值	比重
国营工业	3688	26.3	14258	41.8	19230	43.1	24488	47.1	28142	51.3
合作社工业	65	0.4	1109	3.2	1702	3.8	2454	4.7	3453	6.3
公私合营工业	220	1.6	1367	4.0	2013	4.5	5086	9.8	7188	13.1
私营工业	6828	48.7	10326	30.3	13108	29.3	10341	19.9	7266	13.2
个体手工业	3222	23.0	7066	20.7	8633	19.3	9606	18.5	8822	16.1
合计	14023	100	34126	100	44686	100	51975	100	54871	100

注：1. 合作社工业产值包括供销、消费合作社加工工厂及手工业生产合作社；2. 个体手工业产值包括手工业供销生产社及生产小组。

资料来源：中国科学院经济研究所手工业组编：《1954 年全国个体手工业调查资料》，生活·读书·新知三联书店 1957 年版，第 252 页。

表 3-4 显示，与 1949 年相比，1955 年个体手工业产值增长了 1.74 倍，在工业总产值中个体手工业所占的比重，仅次于国营工业，居第二位，但随着手工业社会主义改造的进行，其所占比重趋于逐渐下降的态势。

在手工业经济结构中，乡村手工业也占了很大比重，如表 3-5 所示。

在传统小农经济结构中，依附于农业生产的家庭手工业是中国农家经济活动中一个较为普遍现象，而家庭纺织业是农家手工业中的主要行业，其核心是"耕织结合"经营模式。表 3-5 显示，在城乡手工业产值中，辽宁、黑龙江两省城镇的手工业比重要远远高于乡村手工业，其原因是，

————————

① 赵艺文：《我国手工业的发展和改造》，中国财政经济出版社 1956 年版，第 25 页。

在当时的调查统计中，在乡村手工业产值中没有加上农民家庭兼营的手工业产值，若加上这部分，则乡村手工业的产值比重会有一定程度的提升。如辽宁省1954年农民家庭兼营的手工业产值，占乡村全部手工业产值的28.6%；黑龙江省1955年该部分产值占全部手工业产值的5%；又如安徽省1954年农民兼营的手工业产值占该省全部手工业产值的21.8%。由此可见，在新中国成立初期的国民经济发展中，乡村手工业起到了不可或缺的作用。

表3-5　　　　　调查省份城乡手工业户数、产值比重情况　　　　单位:%

	辽宁（1954年）		黑龙江（1955年）		福建（1954年）		河北（1955年）	
	户数	产值	户数	产值	户数	产值	户数	产值
城镇	47.30	71.00	67.19	77.12	33.20	31.10	5.62	32.60
乡村	52.70	29.00	32.91	22.88	66.80	68.90	94.38	67.40
合计	100	100	100	100	100	100	100	100

	安徽（1954年）		河南（1954年）		四川（1954年）		云南（1954年）	
	户数	产值	户数	产值	户数	产值	户数	产值
城镇	29.80	59.80	41.35	25.28	43.00	53.50	41.00	39.00
乡村	70.20	50.20	58.65	74.72	57.00	46.50	59.00	61.00
合计	100	100	100	100	100	100	100	100

注：福建、河北、河南3省的乡村手工业产值比重中包含农民兼营的手工业产值，其他各省份均只含乡村独立的个体手工业的产值。

资料来源：根据中国科学院经济研究所手工业组编《1954年全国个体手工业调查资料》，第30、53、93、119、131、155、205、216页。

另根据表3-1、表3-2、表3-3，将手工业收入进一步细化分类，可以得出农户全部手工业收入占农户收入的比重，如表3-6所示。

表3-6　　　　　1954年23个省15432户农户收入结构　　　　单位:%

	农业总产值	从生产合作社收入	新建房屋	手工业	货运	出雇	出租生产资料	其他收入	合计
社员户	30.7	42.5	3.2	16.4	0.3	0.7	0.1	6.1	100
贫雇农	60.7	—	2.7	24.9	0.8	2.8	0.3	7.8	100

续表

	农业总产值	从生产合作社收入	新建房屋	手工业	货运	出雇	出租生产资料	其他收入	合计
中农	72.0	—	3.7	15.6	0.9	1.2	0.4	6.2	100
富农	73.3	—	3.0	14.0	1.2	0.4	1.0	7.1	100
过去的地主	69.0	0.1	1.3	16.8	0.8	1.3	0.9	9.8	100
总计	70.0	1.3	3.5	15.8	0.8	1.5	0.4	6.7	100

资料来源：根据中华人民共和国统计局《1954 年全国农家收支调查资料》（1956 年 5 月），广东省档案馆，MA07 - 61 - 222 整理。

新中国成立初期，中国近代化的机器工业、运输业和农业很少，在国民经济中，90% 左右是手工业和个体农业。近代工业发展水平满足不了农民生产生活所需，同时，在农户货币收入较少，极其贫困情况下，也无力购买机器制品。因此，乡村手工业在农户生活、生产资料供给中发挥着重要作用，广大农村需要的大量生产、生活资料绝大部分是手工业品。如辽东省复县东风乡炮台子村，该村 1953 年上半年所用的小农具 90% 是当地铁匠铺供应的；该乡老染坊村调查，农民生产用的锄头、镐头、镰刀、斧头等数十种农业生产工具都是手工业产品。[①] 至于新旧农具和日常用具的修理更需要手工业者担任。据浙江金华、衢州、台州 3 个地区 62 户农户的调查，1952 年生产资料除肥田粉外全为手工业品，生活资料中手工业品支出占 65.87%，1952 年比 1951 年购买的手工业品增加了 14.3%，随着农民购买力的上升，与农民生产、生活有密切关系的手工业也有所发展。[②] 在江苏南通，1952 年该地区全年农产品生产收入为 466 万元，而土布生产收入为 558 万元，织布收入占全年总收入的 54.52%。[③] 如福建闽侯县七区荆溪乡，该乡 26 种手工业中，为农民生产服务的，如打铁、鲜果加工、木匠等共 7 种，为农民生活服务的，如成衣、理发、染坊等共计15 种，以上两类共 81 户，占手工业总户数的 94.2%，从业人员 138 人，

---

① 《辽东省私人手工业概况》，中国科学院经济研究所编：《手工业资料汇编》（1950—1953），1954 年，第 5 页。

② 《浙江省六个县市手工业情况的调查报告》，《手工业资料汇编》（1950—1953），第 18 页。

③ 《南通市土布问题》，《手工业资料汇编》（1950—1953），第 174 页。

占手工业者总数的 96.5%。①

从当时调查材料看，乡村手工业收入在不同阶层农户的收入结构中所占比重也表现出一定的差距，如表 3-6 所示，贫困农户的手工业收入占其全部收入的比重较大，而富裕农户的手工业收入所占比重则相对小一些。另据对河北省 10 个村兼营副业的 355 户调查，手工业收入情况如表 3-7 所示。

表 3-7　　　　河北省 10 个典型村 1953 年手工业收入分阶层调查

	富农	富裕中农	上中农	中农	下中农	贫农	合计
收入折谷（石）	0.8	61.3	220.6	883.3	446.2	119.9	1732.1
占总收入（%）	0.16	4.29	10.49	29.04	32.39	37.54	19.69

资料来源：《河北省农村经济情况典型调查资料》（1954 年 4 月调查），河北省财政厅编印，1955 年 10 月，河北省档案馆，F327-3-C.2。

表 3-7 显示，手工业收入在不同阶层农户收入结构中，贫农、下中农较多，中农次之，富农极少，进而也反映出贫下中农从事手工业的户数较多，富裕农民从事手工业的户数相对较少。

（二）合作化后农家收入构成

在个体经营体制下，农户全年收入除了缴纳各种税收外，剩余部分都归自己支配。在高级社中，在依照国家规定纳税之后，农业合作社全年实物和现金收入，才按照以下项目依次分配：（1）扣除本年度消耗的生产费用，留作下年度的生产费和归还本年度生产周转的贷款和投资；（2）从扣除消耗以后所留下的收入当中，留出一定比例的公积金和公益金；（3）其余实物和现金按照全部劳动日（包括农业、副业生产、社务工作的劳动日和奖励给生产队或个人的劳动日）进行分配。同时，在合作社分配中，基本单位也由单个农户转变为高级社。如表 2-11 所示，社员所得占全部收入除湖北、贵州两省调查社超过 70% 外，其他各省调查社分配给农户的收入均在 65% 左右。另据全国 24 个省（市、区）87 万

① 《荆溪乡手工业调查》，《手工业资料汇编》（1950—1953），第 61 页。

个合作社①收入分配推算，高级社中社员分配状况如表3－8所示。

表3－8　　　1956年24个省（市、区）87万个合作社社员户均收入分配情况

单位：元、%

		收入						支出							
		合计	农作物	果茶林	动物饲养	副业	其他	合计	农业税	生产费用	公积金	公益金	劳动报酬	生产资料报酬	其他
粮食作物社	高级社	330.89	295.48	3.64	4.63	24.82	2.32	330.89	30.44	77.43	8.60	3.31	206.81	1.65	2.65
		100	89.30	1.10	1.40	7.50	0.70	100	9.20	23.40	2.60	1.00	62.50	0.50	0.80
	初级社	256.88	236.07	2.57	5.15	11.82	1.28	256.88	21.58	52.91	6.68	2.05	137.68	33.14	2.33
		100	91.90	1.00	1.56	4.60	0.50	100	8.40	20.60	2.60	0.80	53.60	12.90	0.91
技术作物社	高级社	412.71	380.11	2.89	6.19	19.81	3.71	412.71	33.02	106.48	9.80	4.95	253.82	2.06	2.48
		100	92.10	0.70	1.50	4.80	0.90	100	8.00	25.80	2.37	1.20	61.50	0.50	0.60
	初级社	348.65	328.78	0.70	8.02	9.41	1.74	348.65	33.47	82.63	9.07	3.49	169.44	46.02	3.14
		100	94.30	0.20	2.30	2.70	0.50	100	9.60	23.70	2.60	1.00	48.60	13.20	0.90
蔬菜社	高级社	720.27	611.51	5.04	18.01	77.07	8.64	720.27	29.53	200.24	25.93	7.20	451.61	—	5.76
		100	84.90	0.70	2.50	10.70	1.20	100	4.10	27.80	3.60	1.00	62.70	—	0.80
	初级社	450.61	407.35	1.80	11.72	26.14	3.60	450.61	27.40	107.24	14.87	3.16	274.37	20.23	2.70
		100	90.40	0.40	2.60	5.80	0.80	100	6.08	23.80	3.30	0.70	60.89	4.49	0.60
其他社	高级社	518.75	273.90	108.94	34.24	99.60	2.07	518.75	34.75	113.03	21.27	5.19	332.00	4.67	7.78
		100	52.80	21.00	6.60	19.20	0.40	100	6.70	21.89	4.10	1.00	64.00	0.90	1.50
	初级社	357.53	212.73	120.85	9.65	13.59	0.71	357.53	26.10	74.72	8.22	3.22	204.15	37.30	3.22
		100	59.50	33.80	2.70	3.80	0.20	100	7.30	20.90	2.30	0.90	57.10	10.43	0.90

资料来源：中华人民共和国国家统计局编：《1956年全国24个省（市、区）农业生产合作社收益分配调查资料》（内部资料），1957年12月，第61、62、77、78、93、94、108、110页。

表3－8显示，合作化后，合作社生产结构趋于单一，农作物种植成为合作社主要收入来源，副业在合作社收入中所占比重较小。从社员的收

---

①　在各生产类别的合作社中，技术作物社占3.8%，平均每社184户；蔬菜社占0.4%，平均每社174户；粮食作物社占95.3%，平均每社114户；其他社（包括畜牧、果林、林业社及其他结合社等）占0.5%，平均每社90户。

入来看，高级社在生产上已表现出比初级社的优越性。从当时调查情况反映，在农民思想上，对合作社能不能增产大致是不怀疑的，但是对合作社增产后，他们的个人收入能否增加，还存在不少顾虑。由此，对于合作社的生产收益应该进行合理的分配，使国家税收、合作社的公共积累和社员个人所得有一个恰当的比例。在干部掌握了合作社管理权力的条件下集体利益容易得到保护，社员个人利益常常被忽视或照顾不够。因此，在分配中除了保证国家税收和合作社必要的公共积累之外，特别要保证社员个人收入每年都能有所增加，这样才能够继续发挥广大农民的生产积极性，进一步巩固合作社。要解决好分配问题，就是要把集体利益和个人利益正确结合起来。国家和合作社的公共积累，本是用来为人民、为社员创造更大的幸福，更高地发展生产，这就是集体利益和个人利益、长远利益和当前利益的一致性，但是如果不顾合作社生产的发展情况和社员当前生活状况，过多过快地增加积累，以致社员收入减少，就破坏了个人利益与集体利益的一致性，势必引起群众不满，合作社也就不能增产、不能巩固。只有在社员收入适当增加的基础上，实行适当的公共积累，才可能使社员更加关心集体利益，更加积极劳动，这样不但发展了生产巩固了合作社，公共财产才能够更多更快地积累起来。[1]

1956 年 6 月颁布的《高级农业生产合作社示范章程》规定，从扣除国家税收及生产费用之后的收入中，留出一定比例公积金和公益金，"公积金不超过 8%"，"经营经济作物的合作社，公积金可以增加到 12%"，"公益金不超过 2%"。[2] 在社内扣除部分中，各项支出所占总收入的比重是多少？根据调查，1956 年高级社社内扣除部分所占总收入的比重情况如表 3 – 9 所示。

表 3 – 9　　　　　　高级社社内扣除部分占总收入的比重　　　　单位:%

	生产费用	管理费用	公积金	公益金	特殊生产资料报酬	其他	合计
吉林 21 社	16.95	0.77	3.41	0.78	0.84	—	22.75
山西 6 社	24.03	0.54	2.96	0.65	—	—	28.18

---

①　中华人民共和国国家农业委员会办公厅编：《农业集体化重要文件汇编》（1949—1957）上册，第 560 页。

②　同上书，第 575 页。

续表

	生产费用	管理费用	公积金	公益金	特殊生产资料报酬	其他	合计
陕西 10 社	21.25	0.37	2.92	0.87	0.09	—	25.50
河南 114 社	18.64	0.62	3.01	1.13	—	0.48	23.88
湖北 15 社	16.05	0.36	2.24	1.25	0.66	0.08	20.64
江西 9 社	19.32	1.33	2.10	1.30	0.01	—	24.06
贵州 28 社	12.55	1.03	2.67	0.88	1.46	—	18.59

资料来源：《17 个省（市、区）1956 年农村典型调查》（内部资料），中共中央农村工作部办公室编印，1958 年 2 月，第 7、9、44、124、136、137、213、314、359 页。

表 3-8 及表 3-9 显示，调查社的公积金、公益金的提取比例还是符合当时的规定的。至于生产费用所占比重，从调查情况看，也基本切合各社实际生产经营情况。如据湖北调查反映"上述扣留的比例一般是不大的"，根据 1955 年 12 个典型乡 18 个初级社调查，社内扣留比例平均占总收入的 23.83%，而这 15 个社 1956 年平均扣留只占总收入的 21.64%。根据 15 个社排列：生产费用占总收入 10% 以下的 1 个社，占 10%—15% 的 6 个社，占 15%—20% 的 6 个社，占 20%（最高 23.1%）以上的 2 个社；管理费用占 0.3% 以下的 6 个社，占 0.3%—0.5% 的 7 个社，占 0.5%（最高 0.6%）以上的 2 个社；公积金占 3% 以下的 9 个社，占 3%—5% 的 4 个社，占 5% 以上的 2 个社（最高 8%）；公益金占 1% 以下的 6 个社，占 1%—2% 的 8 个社，占 2%—3% 的 1 个社（最高 2.37%）。[①] 总体来看，合作社的收入分配兼顾了国家、集体和个人的利益。

二 农家现金收入结构状况

农户现金收入是反映农村商品经济发展水平的重要指标，若现金收入所占比重越大，说明农村商品经济越发展；反之，则表明农村的自然经济程度很高。

据河南、湖北、湖南、江西 4 省 10 个乡的调查，1953 年，农民货币收入主要来源于出卖农产品，其中河南调查农户出卖农产品的收入占货币收入的 58%，湖南占 60%，湖北占 59%，江西占 67% 以上。其他货币收入（包括出卖劳动力工资、手工工资、救济金等收入）占次要地位，其中，河南占 40%，湖北占 39%，湖南占 36%，江西占 21%。此外是国家

---

① 《湖北省农村调查》，《17 个省 1956 年农村典型调查》，第 215 页。

贷款收入和私人借贷收入，河南、湖北、湖南3省类似，均占货币收入的2%—3%，江西省较为突出，占12%。从各阶层货币收入来源情况看，贫农除主要依靠农副业及其他货币收入外，还包括有一部分贷款收入，其中河南贫农阶层人均贷款收入占货币收入的11%，江西占15.62%，湖南占10.42%；中农阶层的贷款较少，河南中农阶层人均贷款占货币收入的6%，湖北占0.89%，湖南占2.27%。[①]

另据国家统计局农户收支调查，1954年，调查户平均每户现金收入及构成情况如表3-10和表3-11所示。

表3-10 1954年23个省15432户农家平均每户现金收入及构成情况

单位：元、%

	现金收入合计	出售收入	从合作社取得的现金	生产性收入	出租、出典生产资料及财务	文化与生活服务	救济金、补助金及助学金	其他
社员户	285.5	139.7	71.2	15.3	0.6	1.0	5.1	52.6
	100	48.9	24.9	5.4	0.2	0.4	1.8	18.4
贫雇农	168.8	107.8	—.	22.0	0.9	1.3	2.9	33.9
	100.0	63.9	—	13.0	0.5	0.8	1.7	20.1
中农	266.8	182.3	0.2	28.0	1.4	2.2	2.8	49.9
	100.0	68.3	0.1	10.5	0.5	0.8	1.1	18.7
富农	510.8	362.0	—	44.5	6.7	4.3	1.9	91.4
	100.0	70.9	—	8.7	1.3	0.8	0.4	17.9
过去的地主	169.7	105.9	0.2	15.9	2.0	2.9	1.8	41.0
	100.0	62.4	0.1	9.4	1.2	1.7	1.1	24.1
平均	240.8	158.2	3.4	26.1	1.4	2.0	3.0	46.7
	100.0	65.7	1.4	10.8	0.6	0.8	1.3	19.4

注：生产性收入包括出卖手艺、出雇工资、货运、互助组换工及产品加工费等收入；其他收入包括交换、保险金、借款、收回贷款、预售产品、亲友赠送和亲属寄回等。

资料来源：根据中华人民共和国统计局《1954年全国农家收支调查资料》（1956年5月），广东省档案馆，MA07-61-222整理。

[①] 中共中央中南局农村工作部：《中南区5省35个乡1953年农村经济调查总结》（1954年7月），湖北省档案馆，SZ-J-514。

表 3 - 11　1954 年 23 个省 15432 户农家平均每户出售产品的现金收入及构成

单位：元、%

	出售收入合计	植物栽培产品	其中			牲畜及动物饲养产品	采集渔猎产品	手工业产品	其他
			粮谷、豆、薯类	技术作物	农作物副产品				
社员户	139.7	73.2	47.7	13.6	3.0	46.1	2.3	3.5	14.6
	100.0	52.4	65.2	18.6	4.1	33.0	1.6	2.5	10.5
贫雇农	107.8	55.0	31.4	12.4	2.6	23.1	7.4	5.6	16.7
	100.0	51.0	57.1	22.5	4.7	21.4	6.9	5.2	15.5
中农	182.3	103.9	60.4	26.5	3.1	47.3	7.0	10.7	13.4
	100.0	57.0	58.1	25.5	3.0	25.9	3.8	5.9	7.4
富农	362.0	236.8	142.1	48.3	5.9	89.8	3.0	17.4	15.0
	100.0	65.4	60.0	20.4	2.5	24.8	0.8	4.8	4.2
过去的地主	105.9	63.5	38.5	13.9	3.6	23.1	3.2	6.9	9.2
	100.0	60.0	60.6	21.9	3.6	21.8	3.0	6.5	8.7
平均	158.2	88.3	51.5	21.5	3.0	39.3	7.3	9.3	14.0
	100.0	55.8	58.3	24.8	3.4	24.8	4.6	5.9	8.9

资料来源：根据中华人民共和国统计局《1954 年全国农家收支调查资料》（1956 年 5 月），广东省档案馆，MA07 - 61 - 222 整理。

从表 3 - 10 和表 3 - 11 反映的情况看，富农现金收入最高，其主要来源出售收入。也就是说，相对于其他阶层，富农的农业生产力水平较高，出售农产品获得收入最高。结合表 3 - 1，社员户、贫雇农、中农、富农及过去的地主等各阶层农户的现金收入占总收入的比重分别为 40.52%、34.54%、34.45%、39.38%、34.13%，各阶层差异很小。上述数据表明，当时的农村经济虽然逐渐由传统的自给自足的经济形态逐渐向商品经济转型，但仍然带有浓厚的小农经济色彩。

第二节　农家支出结构及其特点

由于小农家庭既是一个生产单位，又是一个消费单位，因此，农民的支出就包括生产投资和生活支出两个方面。生产投资是指再生产过程中各种生产资料的使用和消耗，如农具、种子、牲畜、肥料、加工设备等购买支出。而生活消费，则包括粮食、副食、衣着、家具、烟草、酒类等开支。

一　农家总体支出情况

由于小农家庭是生产、消费合二为一的单位，传统小农的绝大部分收入用来满足自身的生产和消费，很大程度具有自给自足特征。根据国家统计局的调查，1952—1956 年农民人均消费构成如表 3-12 所示。

表 3-12　　　1952—1956 年农民人均消费构成（按当年价格计算）

	农民消费水平		自给性消费		商品性消费		文化生活服务及住房消费	
	支出数（元）	比重（%）	支出数（元）	比重（%）	支出数（元）	比重（%）	支出数（元）	比重（%）
1952 年	62.4	100	41.5	66.5	20.0	32.1	0.9	1.4
1953 年	68.7	100	43.3	63.0	24.3	35.4	1.1	1.6
1954 年	70.0	100	42.3	60.4	26.6	37.9	1.2	1.7
1955 年	76.3	100	46.5	60.9	28.5	37.4	1.3	1.7
1956 年	77.5	100	46.1	59.5	29.9	38.6	1.5	1.9

资料来源：国家统计局国民经济平衡统计司编：《国民收入统计资料汇编（1949—1985）》，中国统计出版社 1987 年版，第 23—25 页。

表 3-12 显示，1952—1956 年，农民的总体消费水平趋于不断增加；在消费水平不断增长的过程中，自给性消费所占比重虽在不断减小，但仍占绝大比重；商品性消费所占比重趋于上升，文化生活服务及住房消费所占比重情况变化不大。另据国家统计局对 1954 年 23 个省 15432 户的农家收支调查资料，调查农户的户均总支出合计为 667.7 元（实物消费折合现金 442.5 元，占 66.3%；现金支出 225.2 元，占 33.7%），其中，生活消费支出 453.8 元，生产消费为 156.6 元，纳税 35.5 元，其他支出 21.8 元。① 总体来看，1949—1956 年，农民消费仍具有较强自给自足性质。又如广东省调查，1952—1956 年人均纯收入和消费支出情况如表 3-13

① 国家统计局：《1954 年我国农家收支调查报告》，中国统计出版社 1957 年版，第 51 页。

所示。

表 3-13　　　　1952—1956 年广东省人均纯收入和消费支出情况　　单位：元

	1952 年	1954 年	1955 年	1956 年
一　人均收入	85.32	101.84	102.55	107.04
二　生活支出	78.76	90.25	90.10	91.54
（一）生活消费品支出	77.04	87.84	87.94	89.45
1. 食品	53.29	59.65	58.57	61.74
2. 衣着	4.86	7.60	5.52	8.80
3. 燃料	7.43	9.65	8.87	8.98
4. 住房	4.75	3.90	6.81	2.73
5. 用品及其他	6.71	7.04	8.18	7.20
（二）文化生活服务支出	1.72	2.41	2.16	2.09

资料来源：国家统计局农村抽样调查总队编：《各省农民收入、消费调查研究资料汇编》下册，中国统计出版社 1985 年版，第 5 页。

从广东省调查情况看，1952—1956 年，随着农户收入水平的不断提升，农户的消费水平也随之增加，在农户的支出结构中，生活消费占了绝大比重，而在生活消费中，食品、衣着及燃料三项开支的支出占农户生活消费的 80% 以上。在农业生产力水平不发达，农户收入水平较低的情况下，农户首先要解决基本温饱问题，因此在农户消费结构中，上述三项占绝大比重，反映了当时农民是一种温饱型消费。

随着农业生产和商品经济的发展，农民从市场上获取的生活和生产资料会逐渐增多，反映在消费支出上就是实物支出所占比重不断下降，而通过市场购买的那部分现金支出的比重会不断上升，但从当时的调查情况来看，实物支出在农民的消费支出结构中所占比重如此之大，反映了当时农户的消费还处于自给半自给的状态。

如上文所述，传统小农家庭生产消费合二为一。因此，对来自小农自身家庭收入的支出很难明确划分出是用于生产投资还是生活消费，只有从农户现金支出部分来观察农户的生产生活消费结构状况。

根据湖南省 8 个乡的调查材料，在农民货币分配的生产支出方面，1952 年共计支出 12028.99 元，其中第一是家禽家畜（主要是购买生猪），占全部生产支出的32.55%；第二是商品肥料，占29.34%；第三是农具，占9.99%；第四是耕牛，占8.19%；其余是用于生产工具、农药器械及购买饲料等生产支出，占19.93%。土改后，由于农民生产积极性的高涨，生产投资是逐年增加的，1952年用于生产投资的金额占其全部购买力的23.08%，1953年占27.75%，较1952年增加4.07%，1954年占27.27%，较1952年增加3.59%，接近1953年水平。就农民的生活支出来看，据上述8个乡的统计，1953年共支出29676.39元，其中，第一是稻谷，占全部生活支出的17.51%；第二是布料，占17.06%；第三是食油，占7.24%；第四是食盐，占6.76%；第五是食肉，占6.25%；其余是日用百货、文化用品及医药费用等开支，占45.18%。① 又据江苏苏南地区12个村的调查，1950年12个村现金购买支出折合稻谷1273430斤，其中生产资料支出为141976斤，占总支出的11.15%，生活资料支出为1131454斤，占88.85%；1951年12个村现金购买支出折合稻谷1516073斤，其中生产资料支出为312837斤，占总支出的20.63%，生活资料支出为1203236斤，占79.37%。② 从该调查材料看，1951年比1950年农户不仅支出的规模有了一定的提升，同时生产资料的支出占总支出的比重也呈上升的趋势，购买支出的增加是建立在农户收入水平提升的基础之上。

另据湖北省咸宁县周严乡农户的货币支出结构调查，在农户生活资料支出方面，工业品提高的最快，以1948年为100%，则1951年为165.85%，1952年为250.37%，其中以洋布需要最突出，1948年人均购买洋布1.67尺，1951年人均购买10.3尺，煤油消费1951年比1948年提高34.38%，1952年比1948年提高51.14%；1952年农民购买猪肉、洋布、煤油、香烟、盐、土布及胶靴8项物品占农民生活资料开支的86.95%。1952年该乡农民生产性货币支出结构中，比重依次为：耕牛占44.01%、麻饼占20.38%、犁占11.46%、种子占4.29%、耙占3.44%、镰刀占2.20%、水车占1.77%、农船占7.24%，合计占农民生产资料开支的94.59%。③ 说明农民

---

① 《湖南省农村调查》，《八个省土地改革至1954年的农村典型调查》，第136—137页，山西省档案馆，21-8-1-2。

② 苏南区农村工作委员会：《12个典型村调查情况综合汇报》（1951年12月30日），江苏省档案馆，3006-永-148。

③ 咸宁县委调研组：《咸宁县第一区周严乡农村经济调查》（1953年3月），湖北省档案馆，SZ18-1-47。

经过土改，经济形势渐趋好转，已逐步具有购买较大农具的能力。

从更大规模调查材料看，农户现金支出结构如表3－14所示。

表3－14　　　　　1954年23个省15432户农家现金消费支出情况　　　　单位：元、%

消费支出项目		支出数	平均每户支出	占总支出的比重
生活消费	粮食	383553.21	24.85	12.16
	副食	613053.17	39.73	19.44
	烟草	102847.47	6.66	3.26
	酒及酒制成品	36509.32	2.34	1.16
	燃料	122051.22	7.91	3.87
	衣着	636914.27	41.27	20.20
	家常用品	131412.88	8.52	4.17
	家具	17695.80	1.15	0.56
	炊事用具	45008.56	2.92	1.43
	文化、医药	132452.43	8.58	4.20
	住房	15803.44	1.02	0.50
	其他	34052.69	2.21	1.08
	小计	2271354.46	147.18	72.03
生产支出	种子	41427.01	2.68	1.31
	饲料	106651.03	6.91	3.38
	加工原料	45111.87	2.92	1.43
	加工设备	13769.20	0.89	0.44
	农牧具	110180.53	7.14	3.49
	建筑材料	94589.85	6.13	3.00
	农药械	5530.23	0.36	0.18
	肥料	88206.71	5.72	2.80
	牲畜、家禽	356203.41	23.08	11.30
	土地	17426.05	1.13	0.55
	生产用房	1067.00	0.07	—
	其他	230.56	0.01	—
	小计	880398.45	57.05	27.93
合计		3153246.57	204.33	99.96

资料来源：根据中华人民共和国统计局编《1954年全国农家收支调查资料》（1956年5月），广东省档案馆，MA07－61－222整理。

表3-14显示，1954年，在农户的现金支出的结构中，生活费用占到72.03%，而生产投资支出仅占27.93%。农民生产投资支出的比重要远远低于生活消费开支，是长期以来中国小农消费的一个重要特点。传统的小农家庭经营，由于规模小，生产能力低下，农业剩余少，农户除了维持必要生活开支外，用于维持再生产的生产投资支出的自然更少了。

在农户生活性开支中衣着和副食两者所占比重为最大并不断提升，反映了土改后农户收入水平逐步提高，生活条件也得到了一定程度的改善，对生活资料方面的需求较为旺盛。如据1954年中南区的调查，"目前，农民对手工业品和副食的需要最迫切，如生产资料中的肥料、小农具及农民家庭用具、建筑木材、家庭用铁与调味品等，需要推销的还是小土产和副业产品多，如农家养的鸡鸭、猪及蛋品等。"[1] 在农户生产支出中牲畜、家禽所占的比重最大，一方面，在传统的耕作方式下，畜力是对农户体力劳动的替代，农户耕畜数量的增加也是农村生产力提高的一个标志。从调查所反映的情况来看，从土改结束时到1954年，农户户均占有耕畜数量不断增加，土改结束时中农和贫雇农、富农户均占有耕畜分别为0.64头和1.15头，而到1954年则分别达到0.91头和1.84头。[2] 另一方面，牲畜和家禽的饲养也是农户家庭副业的一个重要组成部分和增加收入的重要途径。与此相对应，饲料开支所占比重也相对较高。

二　主要阶层农户支出状况及特点

（一）土改后至合作化完成前农户支出状况及特点

1. 支出状况

由于传统小农自给自足的特点，生产性消费和生活性消费难以截然分开，因此，国家统计局1954年的农户收支调查对于农户的支出结构中的农户耗用自产品支出中生产性支出和生活性支出没有区分，不便于利用此资料观察农户的支出结构。但根据中共中央中南局农村工作部对典型农户的调查，可以较为清晰地反映鄂、湘、赣3省农户的支出结构和变化情况（见表3-15）。

表3-15显示，首先，从总体来看，农户的支出结构中，生活性支出占了绝大比重，生产性消费次之。其次，尽管表3-15反映土改后农户的

---

① 中共中央中南局农村工作部：《中南区5省35个乡1953年农村经济调查总结》（1954年7月），湖北省档案馆，SZ-J-514。

② 国家统计局：《1954年我国农家收支调查报告》，中国统计出版社1957年版，第19页。

支出结构变化不大，但 1953 年与 1952 年相比较，农户的生活性消费所占农户总的支出比重逐渐趋于减少，而生产性消费所占比重逐渐增大，这种变化情况在一般中农阶层表现得更为明显，说明一般中农阶层发展生产的思想顾虑少，迫切需要从生产中改善生活，投资生产的积极性较高。富农阶层生活性消费不降反升，说明富农阶层一方面原来占有的生产资料较全，另一方面也反映他们在投资生产上不敢大胆，存在很多顾虑。

表 3 – 15　1952—1953 年鄂、湘、赣 3 省 9 个乡 266 个典型农户的支出结构情况

单位:%

	1952 年				1953 年			
	生活性	生产性	公粮负担	其他	生活性	生产性	公粮负担	其他
贫农	71. 31	13. 19	7. 69	7. 81	70. 06	12. 75	8. 24	8. 95
一般中农	70. 89	13. 84	9. 08	6. 19	68. 51	15. 51	8. 65	7. 33
富裕中农	69. 26	13. 77	9. 41	7. 56	68. 66	13. 79	9. 04	8. 51
富农	64. 29	13. 72	14. 93	7. 06	66. 05	13. 29	14. 01	6. 65

资料来源：中共中央中南局农村工作部：《中南区 1953 年农村经济调查统计资料》（1954 年 7 月），湖北省档案馆，SZ – J – 517。

上文从整体上考察了 1952—1953 年农户家庭整体消费状况，下面我们进一步来考察当时农村主要阶层农户的消费结构情况。根据国家统计局 1954 年农家收支调查报告，当时各阶层农户的消费结构情况如表3 – 16 所示。

表 3 – 16　　　1954 年 23 个省 15432 户各阶层农户的消费结构情况　　单位：元

	生活消费	其中：文化与生活服务	生产消费	其中		
				向生产合作社投资	雇工工资	租入生产资料
社员户	472.5	12.4	175.1	49.6	6.2	0.7
贫雇农	334.8	4.8	103.1	1.6	6.2	3.5
中农	499.6	8.0	178.3	3.9	10.5	4.1
富农	821.9	13.5	303.1	9.4	41.5	3.7
过去的地主	350.5	5.5	104.6	1.0	7.4	3.6
总平均	453.8	7.2	156.6	4.7	9.5	3.8

资料来源：根据中华人民共和国统计局编《1954 年全国农家收支调查资料》（1956 年 5 月），广东省档案馆，MA07 – 61 – 222 整理。

表 3 - 16 显示，农村各阶层农户生活消费支出均远远大于生产投资支出，反映了当时农民的消费绝大部分是用于维持劳动力的生产和再生产。但分阶层来看，由于经济条件的差异，各阶层农户的消费水平也存在较大的差距。从生活消费来看，富农的消费水平最高，达到 821.9 元，是生活消费支出最低的贫雇农阶层的 1.45 倍，比平均水平高出 81.15 个百分点。从生产支出看，贫雇农和过去的地主两个阶层的生产投资能力最弱，分别比当时的平均水平低 34.16 个和 33.21 个百分点，而富农阶层的生产投资水平最高，要高出平均水平 93.55 个百分点。这也反映出当时贫雇农阶层在生产生活方面还存在诸多的困难。在文化与生活服务支出方面，富农和社员户两阶层相对较高，反映出在收入水平逐渐提高，基本的温饱解决之后，农民在精神层面的需求有所增加。

在农业生产力不发达，农户收入水平较低情况下，农户首先要解决其基本的温饱问题，因此在农户的消费结构中，食用品必然占较大比重，那么当时农户的主要食用品消费情况如何呢？据调查，1954 年农户主要食用品消费情况如表 3 - 17 所示。

表 3 - 17　　　　1954 年 23 个省 15432 户农家主要食用品消费量　　　单位：市斤

	粮食		其中：细粮		肉类		动植物油		食盐	
	户均	人均	户均	人均	户均	人均	户均	人均	户均	人均
社员户	1949	391	489	98	46.2	9.3	11.4	2.3	71.1	14.3
雇贫农	1393	353	605	153	2901	7.4	9.0	2.3	51.7	13.0
中农	1876	378	820	165	48.7	9.8	13.1	2.6	67.1	13.5
富农	2673	413	1259	195	73.0	11.4	19.4	3.0	106.8	16.5
过去的地主	1635	361	696	154	32.1	7.1	9.7	2.2	57.1	12.6
总计	1751	373	751	160	43.1	9.2	11.9	2.5	63.5	13.5

注："粮食"为各种粮食的混合加工粮，其中包括 4 市斤折 1 斤的薯类；"细粮"包括大米和面粉。

资料来源：根据中华人民共和国统计局编《1954 年全国农家收支调查资料》（1956 年 5 月），广东省档案馆，MA07 - 61 - 222 整理。

由表 3 - 17 可见，1954 年，调查农户人均消费粮食仅为 373 市斤，而细粮仅为 160 市斤，肉类不足 10 市斤，动植物油不足 3 市斤。农户作为生产与消费合一的单位，在收入水平极低的情况下，只能压低生活需求，才能挤出一些剩余用于下一个周期的基本生产需求。

随着过渡时期总路线的酝酿和贯彻，人民政府加强了对农业集体化的工作部署。实现集体化目的，就是通过变农民个体经济为农村集体经济，从根本上解决农民的生产生活困难，走共同富裕道路。由此，毛泽东开始对"四个自由"（租佃自由、雇工自由、借贷自由、贸易自由）作为合作化的对立面进行严厉的批判，认为"四个自由"都是"有利于富农和富裕中农"，"结果就是发展少数富农，走资本主义的路"。① 这些认识及相关政策和措施的实施，必将对农民的经济行为产生一定程度影响。如表3－16所示，1954 年在生产投资中，富农的雇工工资支出为41. 5 元，为最高，但是这项支出仅占其全部生产投资支出的13. 69%，说明在贯彻过渡时期总路线后，过去富农的雇工经营方式日渐式微。在生产资料租佃方面，各阶层的开支如此之少，所占生产消费的比重如此之低，反映了在农业生产力极其落后的状况下，农户支出首先满足其必要的生活需求，同时在尽可能压低生活需求的基础上，还必须挤出有限剩余来维持农业生产。

2. 农民支出特点

（1）农民支出水平不断提高。

收入决定消费，土改后，随着农民收入水平的提高，农民购买力也不断增强，消费支出亦逐步提升。据广东省调查，占农民支出中最大宗的实物消费的变化情况如表3－18 所示。

表3－18　　　　　　1952—1956 年农民人均实物消费情况

	1952 年	1954 年	1955 年	1956 年
粮食（斤）	470	475	500	520
其中：稻谷（斤）	410	414	412	419
猪肉（斤）	5. 64	6. 94	5. 74	5. 87
鱼虾（斤）	11. 81	9. 75	11. 29	11. 80
蛋（斤）	0. 80	1. 10	1. 10	1. 10
植物油（斤）	2. 66	2. 86	2. 63	2. 93
蔗菜（斤）	148	175	169	188
食糖（斤）	4. 04	2. 73	2. 72	3. 30
棉布（尺）	8. 34	8. 74	7. 18	10. 40

资料来源：国家统计局农村抽样调查总队编：《各省、自治区、直辖市农民收入、消费调查研究资料汇编》下册，第5 页。

---

① 《毛泽东文选》第六卷，人民出版社1999 年版，第299—305 页。

表3-18显示，土改后，随着农村经济发展，农民收入水平的提升，在农民的各项实物消费中均呈一种增长的态势。

（2）消费水平在地区上存在一定的差异性，消费结构趋同。

农民家庭作为一个消费单位，其消费所需的生活资料，可以分为以下三个部分：第一部分是生存资料，这是农民及其家庭成员延续生命所需的生活资料；第二部分是发展资料，这是农民及其子女发展德育、智育所需的生活资料；第三部分是享受资料，这是农民提高生活水平、满足享乐需要的消费资料。[1] 在这三部分生活资料中，生存资料属于基础性层次，其消费需求弹性最小，农民只有获得这一层次的满足之后，其消费需求才会向其他部分延伸和发展。消费层次由生存资料向发展和享受资料扩展的过程，就是农民消费结构升级的过程。[2] 农民生活资料消费主要包括食物、衣着、住房及燃料等。

新中国成立以前，中国共产党已经在1.19亿农业人口（总人口1.34亿）的老解放区完成和基本完成了土地改革，这些区域主要是东北和华北。由于土改时间的不同，各地区农民收入变化情形不尽一致，因此，经过6—7年的发展，到1954年这些地区农村的生产发展和农户的收入水平高于全国其他土改相对较晚的区域。根据国家统计局1954年农家收支调查资料，东北和华北调查农户的户均收入折合现金为873.37元，其他区域农户的户均收入为763.13元，由于收入水平差异，进而导致农民消费状况的差异如表3-19所示。

表3-19　　　1954年23个省15432户农户户均生活消费状况　　　单位：元、%

	东北和华北地区		其他地区		全国	
	价值	比重	价值	比重	价值	比重
食物	66.37	38.08	30.03	30.05	42.15	33.79
住房	2.24	1.29	0.41	0.41	1.02	0.82
衣着	56.41	32.36	33.70	33.72	41.27	33.08
燃料	10.80	6.20	6.46	6.46	7.91	6.34

---

[1]　方行：《清代江南农民的消费》，《中国经济史研究》1996年第3期。

[2]　王玉茹、李进霞：《20世纪二三十年代中国农民的消费结构分析》，《中国经济史研究》2007年第3期。

续表

	东北和华北地区		其他地区		全国	
	价值	比重	价值	比重	价值	比重
文化医药	11.40	6.54	7.17	7.17	8.58	6.88
个人嗜好	9.81	5.63	8.64	8.65	9.03	7.24
日常用品	10.94	6.28	7.30	7.30	8.52	6.83
器具设备	4.45	2.55	3.87	3.87	4.06	3.25
其他	1.89	1.08	2.36	2.36	2.21	1.77
总计	174.31	100	99.94	100	124.75	100

说明：（1）表中东北和华北地区主要包括辽宁、吉林、黑龙江、热河、河北和山西等省。（2）因上文所述原因，本表所反映的生活消费，是农户的现金消费支出情况，不包括实物支出。

资料来源：根据中华人民共和国统计局编《1954年全国农家收支调查资料》（1956年5月），广东省档案馆，MA07-61-222整理。

表3-19反映了当时中国农民消费一般情形，土改结束较早的东北和华北地区，农民消费水平相较其他地区高。此外，根据此表还可以得出以下结论：

第一，食物、衣着、住房和燃料是农户维持生存最基础的生活资料，即生存资料，其他生活消费则可视作发展和享受资料，则表3-19中生存资料占全部生活消费的74.03%，而发展和享受资料仅占25.97%。在农民生活消费中，生存资料占有绝大比重，而发展和享受资料所占比重甚小，它反映了当时中国农民一种温饱型的消费水平。一般来说，生活程度越高，生存资料在农户生活消费中所占比重就应越低，因为农民除了满足基本生存之外，还应有一部分收入用到发展和享受方面，这方面比重越高，反映农户的收入水平越高，生活越宽裕。分地区看，在绝对数上，东北和华北农民户均用于发展和享受方面的支出为38.49元，比其他区域农民用于此方面消费户均的29.16元高出9.33元；这部分支出占各自总的生活消费支出的比重分别为22.08%、29.18%，东北和华北要低于其他区域，而这正是收入水平低下、温饱型消费的一个特点。

第二，食物支出，特别是粮食支出，在农民消费支出中占有重要地位，这也是当时农民消费支出结构的一个显著特点。20世纪50年代前期，在当时生产力条件下，能享有小康特别是富裕生活的农民，为数很少。大多数农民，其生产主要是获取生存资料，以维持自己及其家庭成员的生存和繁衍。也就是说，主要是谋求温饱。而生活水平的提高，却主要表现在食物特别是副食数量的增加与质量的提高上。从表3-6来看，食物支出在农户的现金购买支出中所占的比重相对较高，正是反映了这一情况，这也是温饱型农民消费的一个重要特点之一。

第三，衣着费用约占全部消费支出的33.08%，其中东北和华北农民占32.36%，其他区域为33.72%，相差不大。这部分支出，在农户的全部生活消费支出中所占比重也相当高，反映了土改后随着农村经济的恢复与发展，农民的购买力有所增强，生活也逐步改善。如据中南区的调查，在实际购买力中的生活资料支出部分，1953年较1952年相比，湖北人均增加了16.64%，江西增加了7.8%，广东增加了7.5%。①

第四，住房，属于四大生存资料之一，在农民的消费支出中住房所占的比重最小。其原因是，一方面，在土改中，土改前无房居住的贫雇农在土改中分得了地主多余房屋，一般不需要购买住房；另一方面，购买房屋需要大笔的财务支出，在当时收入水平低下、农业剩余甚少的情况下，农民需要多年积累才能支付这部分开支。

第五，至于燃料，除少部分做灯油外，大部分还是用作烹饪原动力，在生活中也至关重要，但是在农户现金支出中所占比重不高。其主要原因是，中国的农民一般常用自产的秸秆或砍伐一些树枝、茅草做燃料，市场购买的较少，因此在农户的消费支出中所占地位并不明显。

除掉上述生存资料以后，其他各项支出仅占总支出的25.97%，包括农民医疗卫生、个人嗜好（如烟草、酒类等）、生活改进、文化用品等发展和享受资料。一般来说，随着生产力的发展和社会进步，农民的消费结构会发生良性变动：生存资料在生活消费支出中的比重会逐步下降，发展资料和享受资料所占的比重会逐步上升；食物支出的比重会逐步下降，衣服、用品、住房等支出的比重会逐步上升；甚至服务性支出、精神消费支出的比重会上升，物质消费支出的比重会下降等。② 上述20世纪50年代前期中国农民的消费结构特点，正是在当时生产力水平制约下，由需求和供给的矛盾运动所规定的消费资料种类和比例关系，反映了当时农民一种

---

① 中共中央中南局农村工作部：《中南区5省35个乡1953年农村经济调查总结》（1954年7月），湖北省档案馆，SZ-J-514。

② 方行：《清代江南农民的消费》，《中国经济史研究》1996年第3期。

温饱型的低层次消费水平。

从上文的分析可以看出，在当时低水平的农业生产力约束下，总体上，20世纪50年代前期农户的消费结构特点是一种低层次的温饱型的消费，农户的生活消费所占比重大大超出生产消费支出的比重，在农户生活消费中，满足自身基本需求的食物、衣着、住房和燃料等生活资料支出又占绝大比重。同时，由于经济条件不同，各阶层农户的消费水平也与其收入水平呈现很大的相关性，富裕阶层农户的消费水平要高于贫困阶层的农户。

（二）合作化后农户支出状况及特点

国民经济恢复后，国家加快农业合作化步伐。一方面，以期通过农业集体生产的方式解决部分农户生产资料不足的困难，发展农业生产；另一方面，企图利用集体化形式减少国家征粮成本。高级合作化后，农户的主要生产资料成为集体所有制，生产上实行集中劳动，以及由此决定的统一经营与统一分配，高级社在扣除公积金、公益金和生产费用之后，再进行分配。由此可见，在农户的支出结构中，除社员户的家庭副业支出外，生产资料的开支大部分由社内统一支出，农户开支主要用于生活资料。根据上海市郊区农民的调查，1953—1957年农户人均支出情况如表3-20所示。

表3-20　　　　　1953—1957年上海市郊区农民人均支出情况　　　单位：元、%

	1953年	1955年	1957年	1957年比1953年增减百分比
购买生产资料	38.9	31.3	4.5	-88.4
购买生活资料	116.4	137.9	139.9	20.2
文化服务支出	0.3	1.1	1.2	33.3
借贷性支出	23.8	34.2	16.8	-29.4
其中：存入银行	4.7	16.7	12.1	157.4
归还贷款、借款	12.1	11.1	4.7	-61.2
合计	180.1	204.5	162.3	-9.9

资料来源：国家统计局农村抽样调查总队编：《各省、自治区、直辖市农民收入、消费调查研究资料汇编》下册，第37页。

从表3-20可以看出，上海郊区农民人均总支出1957年比1953年下降近一成，其主要原因有二：第一，由于个体经营迅速转向集体生产，家庭经营支出急剧下降，占总支出比重由1953年的21.6%下降到1957年的

2.8%。第二，借贷性支出减少。农民的还款能力增加，欠款逐年减少，1953 年人均欠银行和私人借款为 13.7 元，1955 年降为 12.5 元，1957 年进一步降为 6.1 元。欠款减少使结余资金转为存款，1953 年人均存款不足 5 元，1957 年增加到 30 余元，增加了 5.9 倍。[①] 但总的借贷性支出下降近 30%，占总支出比重由 1953 年的 13.2%，下降到 1957 年的 10.4%。

　　合作化后农户生产资料支出大大减少，而在生活资料的支出方面趋于增加，农户的收入主要用于吃、用等方面。据山西省 6 个社的调查，在农民消费中，人均吃占 58.64%，人均穿占 11.56%，人均杂支占 24.82%。具体情况如表 3 - 21 所示。

表 3 - 21　　　　　　　　1956 年山西省 6 社农户支出情况　　　　　　单位：元、%

	合计	人均吃	比重	其中：人均粮食（斤）	人均穿	比重	人均杂支	比重
总平均	69.87	40.97	58.64	418.70	11.56	16.54	17.34	24.82
解于县王村	111	63.15	56.89	479.10	15.03	13.54	32.82	29.57
榆次县王都	94	48.32	51.40	437.60	18.25	19.42	27.43	29.18
平鲁县下乃河	53	36.90	69.62	413.90	8.29	15.64	7.81	14.74
阳高县下堡	62	40.72	65.68	413.00	9.64	15.55	11.64	18.77
平顺县北甘泉	47	27.33	58.18	389.70	8.67	18.45	11.00	23.40
兴县康家庄	49	29.84	60.90	380.00	9.45	19.28	9.71	19.82

资料来源：《山西省农村调查》，《17 个省、市、自治区 1956 年农村典型调查》，第 55 页。

　　据河北省 14 个社调查，1956 年，除受灾严重社的社员生活提高情况较 1955 年没有多大改变外，多数社员的生活水平提高。主要表现在：（1）食粮菜饭有较大改善。有的改变了吃糠咽菜的生活，如庆云县先进社东、西两窑等 4 个村，从前约有 60%—70% 的户吃糠，1956 年秋分后，一户吃糠的也没有了。有的增加了吃干粮的顿数，有的提高了细粮比重，有的食油等副食品有所增加。（2）购布量上升，布的品种质量亦有提高。有的过去布票用不了，现在感到不足了。丰润县大力社 1956 年的购布量，比上年增加 64.6%，有的贫农说："往年像我们这样的人家，整年穿破

---

　　① 国家统计局农村抽样调查总队编：《各省、自治区、直辖市农民收入、消费调查研究资料汇编》下册，第 38 页。

烂，有谁换得起新衣服呢？如今已冬有冬装，夏有夏装了。"有的除购买布匹外，还购买绒衣等针织品，以满足较高的衣着要求。南宫县王家屯社青年男女一般有绒衣和雨鞋。（3）日常生活用品购买力较前提高，生活用具较前完善。如庆云县先进社七八两队50%以上的购买了暖水瓶。丰润县大力社有4户购买了缝纫机；有的社，某些较为富裕的户还购买了自行车。（4）有的社储蓄力量也有所提高。如庆云县先进社有36.5%的户在信用社有存款，信用社存款全年累计比1955年增加4倍多。①

另据吉林省舒兰县正义乡4个农业社、860户农户的调查，在农户购买生活用品上，全乡1956年购入自行车16辆，缝纫机14台，手表14块，其他物资也很多。1955年人均购买力为69.50元，1956年为88.20元，比1955年提高26.90%，据该乡中心屯76户的调查，共买入棉大衣7件，棉秋衣22件，单秋衣12件，皮鞋2双，胶鞋26双，球鞋21双，新轧靰32双，棉制服130套，各种棉线布5835尺，棉被褥11套，棉花150斤，新帽子220顶，共计花费7672元，比1955年提高118.40%。②

河南省19个生产较好的社12344户、56167口人的调查，1955年平均每个社员的全年生活开支为47.93元，1956年则达到57.59元，提高20.1%。1956年各种消费品较1955年提高的比例是：食粮提高11.6%，穿衣提高74.4%，用棉提高5.5%，食盐提高8.3%，食油提高10.2%，调味品提高14.6%，灯油提高0.8%，火柴提高3%，燃煤提高5.1%。③

据四川省调查，1954年该省农民人均生活消费支出49.90元。其中，食品支出35.02元，占70.2%；衣着支出5.73元，占11.5%；燃料支出4.37元，占8.8%；住房支出1.68元，占3.4%；用品支出2.46元，占4.9%。人均消费粮食434斤，动植物油2.72斤，猪肉14.76斤，蛋类1.20斤，食糖0.99斤，酒1.49斤，棉布13.44尺。这一时期，当时农民的消费以自给性为主，自给性消费占55.9%，商品性消费占44.1%。1956年，人均生活消费支出60.22元，比1954年增加10.32元，增长20.7%。其中，食品支出43.32元，增加8.4，增长24%，占生活消费支出的72.1%，上升1.9%；衣着支出6.76元，增加1.03元，增长18%，占11.2%，下降3%；燃料支出5.56元，增加1.19元，增长

---

① 《河北省农村调查》，《17个省、市、自治区1956年农村典型调查》，第79页。
② 《吉林省农村调查》，《17个省、市、自治区1956年农村典型调查》，第11页。
③ 《河南省农村调查》，《17个省、市、自治区1956年农村典型调查》，第142页。

27.2%，占9.2%，上升0.4%；住房支出0.20元，减少1.48元，减少88.1%，占0.3%，下降3.1%；用品支出3.09元，增加0.63元，增长25.6%，占5.1%，上升0.2%。人均消费粮食479斤，比1954年增加45斤，增长10.4%；动植物油3.40斤，增加0.68斤，增长25%；猪肉12.01斤，减少2.75斤，减少18.6%；食糖0.65斤，减少0.34斤，减少34.3%。

1956年与1954年相比，农民物质消费特点变化趋势是：一是注重改善温饱，解决吃的问题。二是自给性生活消费比重增大，占61.3%，上升5.4%；商品性消费比重缩小，占38.7%，下降5.4%。[①]

上述资料表明，总体来看，合作化后农户消费水平比合作化前有所上升，但从调查看，合作化后农户的消费支出也有下降的情况，据江苏省对农户人均生活的调查，1954年、1956年农户生活支出变化情况如表3-22所示。

表3-22　　　　1954年、1956年江苏省农户人均生活消费支出情况　　　单位：元

年份	食品	衣着	燃料	住房	用品及其他	文化生活支出	合计
1954	66.3	7.5	11.6	1.0	3.2	3.2	92.8
1956	60.2	7.3	12.2	0.8	6.6	3.5	90.6

资料来源：国家统计局农村抽样调查总队编：《各省、自治区、直辖市农民收入、消费调查研究资料汇编》下册，第262页。

从表3-22可以看出，1956年江苏省调查农户的人均生活消费支出比1954年出现小幅下降的情况，其中占消费支出中最大宗的食品下降了2.2个百分点。收入决定消费，支出水平的下降从侧面反映出收入水平的减少，这说明，20世纪50年代前期，农民生活水平过去忍饥挨饿、衣不蔽体、入不敷出的状况有所改变，但由于当时农业生产水平较低，抵御自然灾害能力较小，农村经济较弱，农民收入还不可能获得较大幅度的提高。

合作化完成之后的第一年，由于生产的增加，农户收入水平总体也有了一定程度的提高，加之生产费用直接由社统一开支，因此，与个体经营

① 国家统计局农村抽样调查总队编：《各省、自治区、直辖市农民收入、消费调查研究资料汇编》上册，第354页。

相比，合作社中农户在支出上主要用于生活方面以满足其自身物质生活资料需求，这是合作化后农家支出的重要特点。

第三节　农家收支对比分析

农户家庭收支对比是衡量农村经济发展水平和农民生活水平的重要指标。如果收入高，收支有余，说明经济发展水平和生活水平高，否则，必然是经济落后，生活水平低下。

一　土改后至农业合作化完成前农家收支对比分析

土改结束时期的农村，农民非常贫困，农民收支节余甚少。据国家统计局对全国 23 个省 15432 户农户的收支情况调查，如表 3 - 23 所示。

表 3 - 23　　　　　1954 年 23 个省 15432 户农家收支情况　　　　单位：元

	社员户	贫雇农	中农	富农	过去的地主	平均
总收入	704.6	488.7	774.4	1297	497.2	692.9
其中：农副业	305.5	422.0	684.8	1148.2	430.5	600.1
总支出	702.3	473.6	743.2	1272.2	497.1	667.7
盈亏	2.3	15.1	31.2	24.8	0.1	15.2

资料来源：根据中华人民共和国统计局编《1954 年全国农家收支调查资料》（1956 年 5 月），广东省档案馆，MA07 - 61 - 222 整理。

从表 3 - 23 来看，1954 年，各阶层农户的收支相抵都有所盈余，其中富农阶层的盈余最多，而社员户的盈余最少，其原因除了富农阶层的生产条件相对较好，收入较高外；还因为，在上述调查中，社员户的收入只包括社员户由社分配到的收入和个体经营部分的收入，至于由社统一留用的管理费用、生产费用、公积金和由社统一缴纳的农业税等都没有包括进去。因此，与其他农户的收入不完全可比。根据 1955 年农业生产合作社的收益分配调查，农业生产合作社全部收入一般以 60% 分配给社员，40% 留社公用（用作生产投资、缴农业税及其他公共开支），社员户的实际收入就可能更高一些，由此他们的盈余也要高出表 3 - 23 反映的水平。如前文所述，各阶层农户的农副业收入均不能满足他们的全部支出，因此，农户除了经营正常的农副业之外，还得广开门路，以应付日常的支出所需。

从现金收支情况看，根据国家统计局1954年的农家调查材料整理如表3－24所示。

表3－24　　　　1954年23个省15432户农家的现金收支盈亏情况

	现金收入	现金支出	盈（＋）亏（－）
社员户	285.5	287.8	－2.3
贫雇农	168.8	170.1	－1.3
中农	266.8	272.1	－5.3
富农	510.8	523.5	－12.7
过去的地主	169.7	174.3	－4.6
合计	240.8	245.2	－4.4

资料来源：根据中华人民共和国统计局编《1954年全国农家收支调查资料》（1956年5月），广东省档案馆，MA07－61－222整理。

从表3－24来看，各阶层农户的现金收支状况不平衡的，收不敷支，借款增加，15432户农户，现金借款总额达到335824.96元，占现金收入的27.31%。[1] 产生这一状况的原因，主要是1954年遭遇重大的水灾所造成的，但也说明小农经济抵御自然灾害的能力较弱，一旦遭遇自然灾害袭击即会濒于破产，这也反映了小农经济的脆弱性和不稳定性。

另据中共中央中南局农村工作部对鄂、湘、赣3省9个乡266户农户的典型调查，1952年调查农户人均的收支状况如表3－25所示。

表3－25　　　　鄂、湘、赣3省9个乡266户农家人均收支情况

单位：折合稻谷市斤

	贫农	一般中农	富裕中农	富农	合计
人均收入	1328	1766	2103	1839	1669
人均支出	1325 (719)	1711 (853)	1824 (865)	1743 (860)	1586 (805)
人均盈亏	3	55	279	96	101

注："人均支出"一行中括号内的数据是调查农民的人均食物消费支出（包括主食和副食）。

资料来源：根据《中南区1953年农村经济调查统计资料》（1954年7月），湖北省档案馆，SZ－J－517整理。

---

[1]　中华人民共和国统计局编：《1954年全国农家收支调查资料》（1956年5月），广东省档案馆，MA07－61－222。

从表 3-25 反映的情况看，上述 3 省典型调查各阶层农户的收支或多或少均有盈余，在此基础上，农民生活亦逐步改善，表现在生活资料的支出上，1953 年较 1952 年有了增长，如湖北调查农户在实际购买力中，生活支出部分平均增加 16.64%，江西人均增长 7.78%。① 但是，这种农业剩余是建立在农民极力压低食物消费的基础之上的。据研究，民国时期，按粮食消费量计算，男女老幼平均每口需原粮 1000 市斤。② 与民国时期相比，新中国成立初期农民的消费结构变化不大，所需粮食消费量基本相同。若以人均消费原粮 1000 市斤为标准，则上述调查农户均会出现亏欠，因此，当时农户的盈余是一种"勒紧裤带"的盈余。同时，这种盈余不是建立在物质产品极大丰富基础之上，而是一种不稳定的节余，农民若稍不精打细算，或偶遇天灾人祸，很容易出现亏欠。

又据江西省委农村工作部对该省 9 个乡 3620 农户的调查，1953 年余粮农户占总户数的 55.25%，不余不缺户占 6.22%，缺粮户占 38.54%，人均缺粮 296 市斤；1954 年余粮农户占总户数的 58.54%，不余不缺农户占 4.76%，缺粮农户占 36.70%，人均缺粮 226 市斤；而该调查中各阶层农户人均口粮消费也仅在 500 斤（稻谷）左右。③ 再如据湖北省委农村工作部调查，1954 年，部分贫农由于生产中的困难得不到适当解决，破产情况严重，如麻城县四山乡、孝感县太子乡、大陈乡、恩施县滴水乡和谷城县付湾乡 5 个乡，有 64 户贫农破产，占 5 个乡现有贫农总户数的 18.2%，他们出卖土地 19.82 亩，典出土地 27.9 亩，两者共占他们原有土地总数的 1.14%，出卖耕畜 6.21 头，农具 40 件，房屋 21.5 间，中型家具 119 件，衣服 152 件。④

由于各地地理环境的千差万别，农户间的生产生活条件存在很大的差异，如湖北山区与丘陵区和滨湖区相较，农户所占耕地面积较少，生产条件也相对较差，山区群众收入少，生活水平低，一般均较其他地区低 50% 左右。根据 1951 年湖北恩施板桥乡的调查，平均每人常年农产收入

---

① 中共中央中南局农村工作部：《中南区 5 省 35 个乡 1953 年农村经济调查总结》（1954 年 7 月），湖北省档案馆，SZ-J-514。

② 彭南生：《也论近代农民离村原因》，《历史研究》1999 年第 6 期。

③ 省委调查组：《关于全省（9 个典型乡）经济调查综合表》（1956 年），江西省档案馆，X006-2-13。

④ 中共湖北省委农村工作部：《湖北省 12 个典型乡调查报告》（1956 年 4 月），湖北省档案馆，SZ-J-526。

只有189斤包谷，常年缺粮184天；高山区情况更为贫苦，恩施、郧阳高山地区，贫雇农普遍穿不上衣服，即使冬天男女老幼也衣不遮体，靠烤火取暖，长期不能出门生产，终年吃不饱，油盐更是吃不到，遇有灾荒，以吃代食品为主，甚至有吃观音土的，山区群众终年在死亡线上挣扎。[①]

土地改革后，农民虽然摆脱了地主剥削的束缚，减轻了富农的盘剥，在发展生产上得到国家物质上很大程度的帮助，在生活上比以前有了很大改善，甚至有些农民已大为改善，但还有相当一部分贫农和下中农在生产上存在困难，在生活上处于贫困地位。土改后，农村比较富裕的农民主要是富农及一部分富裕中农。根据江苏省1954年农民家计调查资料，以贫农与其他阶层做具体的比较，贫农1954年的总收入还只相当于每户总平均的73.19%，只相当于中农的66.92%，富农的46.96%；对农业总产值而言，只等于每户总平均的70.88%，相当于中农的64.25%，富农的45.57%；对粮食收入而言，只相当于每户总平均的77.52%，相当于中农的72.29%，相当于富农的55.92%；对现金收入而言，只相当于每户总平均的74.34%，相当于中农的68.43%，富农的41.86%。由于贫农收入水平低于平均水平，因此反映在各项支出水平上也远远低于中农和富农，而粮食的购进则高于中农和富农。以总支出而言，贫农低于每户总平均的27.50%，低于中农33.57%，低于富农55.81%；以现金支出而言，则低于每户总平均的26.31%，低于中农32.24%，低于富农56.95%；购进粮食则高出每户平均水平的27.99%，高出中农43.82%，高出富农62.80%。在债权债务问题上，则贫农负债更多，贫农每户负债12.65元，比中农多2.71元，比富农多9.30元。同时，贫农出雇多，雇入少。[②]

农户入不敷出，出现亏欠时，借贷便是其弥补收入不足的一个重要途径。据山西省委农村工作部对20个乡6000余户的调查，1952年、1954年农村民间借贷关系情况如表3-26所示。

在湖北，据对12个乡3754户私人借贷关系的调查，1954年农村私人借贷情况如表3-27所示。

---

① 湖北省民政厅：《湖北省历年来的救灾工作和今后意见》（1953），湖北省档案馆，SZ67-1-180。

② 江苏省统计局：《江苏省1954年农民家计调查分析资料》（1956年1月14日），江苏省档案馆，3133-永-59。

表 3 - 26　　　　　山西省 20 个乡 1952 年、1954 年农村私人借贷情况　　　单位：元

	年份	借出				借入			
		户数（户）	占借出总户数比重（%）	借出金额（元）	占借出总金额比重（%）	户数（户）	占借入总户数比重（%）	借入金额（元）	占借入总金额比重（%）
雇贫农	1952	2	2.22	88	1.34	16	10.59	574.85	6.94
	1954	1	3.13	52	2.87	8	14.81	162.94	6.21
中农	1952	76	84.57	5160.80	78.91	129	85.43	7316.64	88.27
	1954	24	75.00	1476.90	79.83	45	83.34	2452.87	93.56
其他劳动者	1952	1	1.11	38	0.58	—	—	—	—
	1954	—	—	—	—				
新富农	1952	1	1.11	29.54	0.45				
	1954	1	3.13	28.68	1.55				
富农	1952	8	8.80	1128.93	17.28	5	3.32	292.56	3.43
	1954	6	18.74	292.29	15.80				
地主	1952	1	1.11	15	0.23	1	0.66	104.82	1.26
	1954	—	—	—	—	1	1.85	6	0.23
其他剥削者	1952	1	1.11	80	1.21				
	1954	—	—	—	—				
合计	1952	90	100	6550.17	100	151	100	8288.87	100
	1954	32	100	1849.87	100	54	100	2621.81	100

资料来源：中共山西省委农村工作部编：《土地改革时期、1952 年、1954 年山西省 20 个典型乡调查资料》（1956 年 5 月），山西省档案馆第 6805 号。

表 3 - 27　　　　　　　　1954 年湖北省 12 个乡私人借贷情况

	各阶层总户数（户）	借出				借入			
		户数（户）	占借入总户数比重（%）	借入金额（元）	占借入总金额比重（%）	户数（户）	占借出总户数比重（%）	借出金额（元）	占借出总金额比重（%）
雇贫农	944	284	38.53	3508.43	33.62	44	18.72	316.74	7.19
中农	2403	406	55.09	6411.03	61.42	167	71.06	2734.72	62.10
其他劳动者	22	3	0.41	77.16	0.74	2	0.85	15.40	0.35
其他剥削者	53	6	0.81	49.25	0.47	6	2.55	667.25	15.16

除了借贷之外，在土地私有制下，在遇到生产生活困难时出卖土地等生产资料也是解决燃眉之急的一个手段。据山西省调查，土改结束时，该省18个乡的出卖土地户数占总户数的1.81%，卖出土地占土地总数的0.20%；典出土地户数占总户数的0.18%，典出土地占土地总数的0.02%。1954年，该省20个乡出卖土地户数占总户数的3.84%，卖出土地占土地总数的0.93%；典出土地户数占总户数的0.05%，典出土地占土地总数的0.16%。① 具体情况如表3－30所示。

表3－30　山西省20个乡土改结束时、1954年土地出卖和典出情况

		卖　出				典　出			
	时间	户数	占卖出总户数比重(%)	土地	占卖出总土地数比重(%)	户数	占典出总户数比重(%)	土地	占典出总土地数比重(%)
总计	土改结束时	48	100	341.27	100	5	100	35.32	100
	1954年	238	100	1640.69	100	3	100	29.02	100
雇贫农	土改结束时	24	50	179.45	52.58	3	60	11.22	31.77
	1954年	39	16.39	265.14	16.16	—	—	—	—
新中农	土改结束时	—	—	—	—	—	—	—	—
	1954年	85	55.71	537.21	32.74	2	66.67	21.36	73.60
老中农	土改结束时	19	39.58	133.88	39.25	2	40	24.1	68.23
	1954年	99	41.60	688.94	41.99	1	33.33	7.66	26.40
其他劳动人民	土改结束时	—	—	—	—	—	—	—	—
	1954年	1	0.43	8.31	0.51	—	—	—	—
富农	土改结束时	3	6.25	21.95	6.43	—	—	—	—
	1954年	6	2.52	37.41	2.28	—	—	—	—
过去的地主	土改结束时	2	4.17	5.99	1.76	—	—	—	—
	1954年	8	3.37	103.68	6.31	—	—	—	—

注：土改结束时是该省18个乡的调查材料。

资料来源：中共山西省委农村工作部编：《土改结束时期、1952年、1954年山西省20个典型乡调查资料》(1956年5月)，山西省档案馆，第6805号。

①　中共山西省委农村工作部编：《土改结束时期、1952年、1954年山西省20个典型乡调查资料》(1956年5月)，山西省档案馆，第6805号。

另据河北省 12 个村调查（见表 3 - 31），1950—1953 年，买入土地者298 户，占总户数的 15.2%，买入土地 1242 余亩，占总耕地的 3.55%；出卖土地者 289 户，占总户数的 14.72%，出卖土地 1449 余亩，占总耕地的 4.14%。从各阶层买卖土地户数占本阶层比重看，买入土地的富农、富裕中农大于其他阶层；卖出土地以贫农、下中农大于其他阶层。中农以上阶层买地户多于卖地户，中农以下阶层是卖地户多于买地户。卖地原因以生活困难及婚丧疾病为数最多；因搞副业、盖房投资及换地者次之；因迁移卖地是极少数。① 这说明小农经济的落后性和脆弱性，无力抵抗天灾疾病，特别是家底空虚和缺乏劳动力的困难户，遇到天灾人祸就不得不出卖土地，重陷贫困乃至破产境地。

表 3 - 31　　　　　　　1950—1953 年河北省 12 个村土地出卖情况

	生活困难	婚丧疾病	发展副业	盖房或投资	换地	征购及迁移	其他	合计
卖地户数	84	59	38	24	47	24	13	289
占卖地总数比重(%)	29.06	20.42	13.15	8.30	16.20	8.30	4.49	100
卖地亩数	340.04	414.31	208.22	125.90	116.35	214.99	29.36	1449.17

资料来源：《河北省农村经济情况典型调查材料》，河北省财政厅编印 1955 年 10 月，河北省档案馆，F327 - 2 - C.2。

又据湖北、湖南、江西 3 省 10 个乡调查，1953 年有占农户总数1.29% 的农户出卖了土地，出卖土地 103.13 亩（占土地总数的 0.22%）。卖地的原因可分为三类：一是因为严重困难（如疾病、天灾、负债、丧失劳力）而卖地者占卖地总户数的 56%；二是属于调剂性质（如调换、妇女出嫁、地多及职业变动）者占卖地总户数的 40%；三是二流子卖地者占 4% 左右。从卖地的阶层来看，在卖地户中贫农占 50% 以上，基本因为困难；中农占 40%，少数出于困难。② 另据江苏溧水县乌山乡徐母塘村的调查，全村 45 户中，土改后出卖土地的有 3 户（计中农 1 户、贫农 1

① 《河北省农村经济情况典型调查材料》，河北省财政厅编印 1955 年 10 月，河北省档案馆，F327 - 2 - C2。

② 中共中央中南局农村工作部：《中南区 5 省 35 个乡 1953 年农村经济调查总结》（1954 年7 月），湖北省档案馆，SZ - J - 514。

户、小土地出租者 1 户），共出卖土地 8.6 亩，占全村耕地面积的
1.74%；典押土地的 1 户，土地 1 亩。出卖土地的原因主要是：底子薄、
老债多、死人及娶妻等。如中农王守兴因旧债多，又死人，故于 1952 年
春出卖土地 4.6 亩；郑良荣 1951 年娶亲而押出 1 亩土地。① 对该省太仓
县新建乡大调查，土改后，全乡变卖土地的有 4 户 10.76 亩，3 户中农卖
出 8.11 亩，1 户贫农卖出 2.65 亩，出卖土地数量占全乡土地总数的
1.27%。其中，2 户中农因开轧米厂添置生财、器具折本，秋征时无法交
粮，另 2 户因生病，庄稼歉收，生活困难而出卖土地。②

综上所述，土改后，随着农村经济形势的逐渐好转，尽管生活消费在
农家支出结构中占绝大比重，但生活性消费支出所占比重呈下降情形，而
生产性消费逐渐上升。与新中国成立前农户普遍入不敷出相比，总体来
看，尽管 20 世纪 50 年代前期农户的收入和消费水平依然很低，但农户的
收支状况有所改善，大多数农户收支相抵，或多或少均有所盈余，我们也
看到这种盈余是不稳定的，偶遇天灾人祸就可能出现亏欠现象。同时也有
一部分农户由于自身的因素或遭受天灾人祸的原因，出现入不敷出甚至破
产的现象。

二　合作化后农家收支对比分析

1956 年我国农业合作化基本完成。参加秋收分配的入社农户达到 1.1
亿多户。1956 年，全国 24 个省、市、自治区（除广东、福建、新疆外）
进行收益分配的有 869686 个农业社，有社员 10035.6 万户，社员户的人
口 43949.3 万人，参加社的劳动力 21334.4 万人。在这近 87 万个农业社
的社员户中，高级社占 70.9%，每社平均 246 户；初级社占 29.1%，每
社平均 50 户。1956 年农业社分配给社员的为 210 亿元，占总收入的
63.7%，其中劳动报酬占 63.7%，平均每个劳动日报酬为 0.77 元，生产
资料报酬占 3.40%，平均每社员分得 200.60 元。高级社收入相对较高，
分配给社员的每户平均为 212.60 元，比初级社 171.80 元多 40.80 元。同
时，由于初级社付给社员的生产资料报酬占总收入 12.80%，而高级社只
有 0.50%，因而平均每个劳动日报酬，高级社为 0.85 元，比初级社的

① 江苏省委农村工作团：《溧水县乌山乡农村经济情况调查报告》（1953 年 2 月 20 日），
江苏省档案馆，3062 - 短 - 17。

② 江苏省委农村工作团：《太仓县新建乡农村经济情况调查报告》（1953 年 2 月 20 日），
江苏省档案馆，3062 - 短 - 17。

0.57 元高 49.10%。[①]

初级农业生产合作社保留了社员生产资料私有制，实行土地入股，统一经营，产品统一分配。社员除按劳动工分得到劳动报酬外，入股土地和交社使用的耕畜、农具等均得到一定报酬。高级农业社取消了土地报酬，社员的土地全部转归合作社公有，耕畜、大中型农具作价入社，实行统一经营，统一分配。表 3-8 反映了不同类型的初级社和高级社的收入分配状况，与独立生产的小农家庭生产相比较，在合作社收入中，扣除了农业税生产费用公积金及公益金等公共积累部分后，再向社员进行分配。由于合作社的生产是由合作社统一组织进行的，因此，在社员户的支出结构中生产费用支出这一项大为减少，收入主要用于生活资料的消费。

从各阶层来观察，根据山西省的典型调查材料，收入和消费最多的除了过去的地主户外，其次是上中农，全年人均收入达 105.12 元，人均消费额达 87.69 元。收入最少的是老下中农，全年人均收入为 70.91 元，消费最低的也是这个阶层的农户，全年人均消费额为 62.73 元。可能的原因是，由于高级合作社采用"按劳分配"的方式，而各阶层农户家庭的人口结构不同，若某一农户家庭人口较多且劳动力较少，该家庭人均收入和消费就会降低。从山西省的典型调查来看，各阶层农户的人口结构分别为：过去的地主 4 人/户、老上中农 4.7 人/户、新上中农 4.3 人/户、老下中农 4.9 人/户。老下中农可能由于家庭人口多、劳动力缺乏，故收入和消费最低。各阶层农户的收入、消费及积累情况如表 3-32 所示。

表 3-32　　　　　　　1956 年山西省典型农户收支情况　　　　　　单位：元

	户数	人口	人均收入	人均消费	户均积累	人均积累
总平均	180	790	80.29	69.87	45.73	10.42
老上中农	29	136	81.72	69.41	57.73	12.31
新上中农	18	77	105.12	87.69	74.56	17.43
富农	7	35	75.40	71.24	20.80	4.16
贫农	28	84	84.40	76.03	25.11	8.37
新下中农	45	202	77.73	67.90	44.13	9.83

① 中华人民共和国国家统计局编：《1956 年全国 24 个省、市、自治区农业生产合作社收益分配调查资料》（内部资料），1957 年 12 月，第 5、7、10 页。

续表

	户数	人口	人均收入	人均消费	户均积累	人均积累
老下中农	50	244	70.91	62.73	39.92	8.18
过去的地主	3	12	124.11	90.69	133.60	33.42

资料来源:《山西省调查》,《17个省、市、自治区1956年农村典型调查》(内部资料),中共中央农村工作部编印,1958年2月,第54页。

　　从山西省典型调查情况看,说明在完成合作化的第一年,在国家大力扶持下,合作社社员的收入水平还是有了一定程度的增加,各阶层农户收支相抵后均略有结余。

　　具体到农户个体,根据甘肃省对9户典型农户的调查,1956年收支情况如表3-33所示。

表3-33　　甘肃省临夏县新一号社9户社员1956年收支情况

姓名	李祖什宝	张召才	马文海	唐顺清	炭二卜	炭奴海	李治贵	唐海云	杨正芳	合计	全年9户的各项开支占其总收入的%
成分	贫农	贫农	贫农	贫农	贫农	新下中农	老下中农	老下中农	老上中农		
民族	汉	汉	回	汉	回	回	汉	回	汉		
人口	4	4	7	3	6	7	4	6	6	47	—
劳力	2	3	2	2	2	4	2	4	2	23	—
1955年收入	274	122	205	260	308	505	201	404	482	2761	—
1956年收入	175	425	456	302	494	398	339	590	465	3644	—
增减(%)	-35	238	122.40	16.16	60.30	-21	68	46	-3.50	31.98	—
粮食开支	165.44	150.04	333.70	155.10	310.02	282.00	198.88	296.10	272.00	2163.28	70.36
服装	16.26	30	21.70	21.50	30.00	35.00	15.39	42.00	47.74	259.59	8.45
被褥	—	—	18.00	—	2.00	12.00	—	39.40	—	71.40	2.32
食油	3.90	3.90	8.45	2.27	3.90	5.20	15.92	27.30	19.50	90.34	2.93
食盐	2.28	2.28	6.84	2.00	2.28	3.42	3.42	4.56	3.80	30.88	1.01
煤油	2.94	2.94	5.88	5.88	2.94	8.82	5.88	8.82	2.94	47.04	1.53

续表

姓名	李祖什宝	张召才	马文海	唐顺清	炭二卜	炭奴海	李治贵	唐海云	杨正芳	合计	全年9户的各项开支占其总收入的%
成分	贫农	贫农	贫农	贫农	贫农	新下中农	老下中农	老下中农	老上中农		
民族	汉	汉	回	汉	回	回	汉	回	汉		
肉类	6.40	7.08	7.00	4.15	—	—	10.88	9.00	2.60	70.51	2.29
走亲送礼	3.40	—	10.00	—	10.00	11.00	4.45	10.00	11.87	60.72	1.97
茶叶	—	—	4.80	—	3.00	14.40	4.90	27.00	7.36	61.46	2.00
烟草	—	—	—	—	—	—	5.10	21.60	22.40	49.16	1.59
学费	—	—	3.00	6.00	6.00	—	—	—	—	15.00	0.48
小农具	1.25	0.80	3.60	1.85	5.40	6.00	5.10	4.50	1.50	30.00	0.97
灶具	—	—	1.50	—	2.00	1.50	—	3.10	—	8.10	0.26
回民过节及汉民香表	—	—	7.00	6.00	7.00	12.00	0.60	5.00	—	32.20	1.05
婚丧	16	—	—	—	—	55.00	—	—	—	71.00	2.30
其他	2.52	1.07	4.52	—	1.80	2.00	1.00	—	1.60	14.51	0.47
开支总计	220.39	198.11	435.99	199.35	386.34	448.34	271.52	498.38	416.91	3075.19	100
盈亏数	-45.39	226.89	20.01	162.65	107.66	-50.34	67.48	91.62	48.22	68.80	—
人均收入	43.75	106.25	65.14	100.66	87.33	56.85	84.75	98.33	77.56	77.53	—
人均开支	55.09	49.61	62.28	66.45	64.39	64.05	67.88	83.66	69.46	65.43	—

注：李祖什宝1956年家中丧失了一主要劳力；马文海1956年收入包括外出做工工资150元；炭奴海1956年家中死亡一人。

资料来源：《甘肃省农村调查》，《17个省、市、自治区1956年农村典型调查》（内部资料），中共中央农村工作部编印，1958年2月，第97页。

　　高级社采用按劳分配方式，劳动力数量是决定农户家庭收入的重要因素。表3-33显示，贫农李祖什宝和新下中农炭奴海两户家庭因劳动力丧失导致1956年的家庭收入比1955年减少，而又增加了丧事开支，使他们出现入不敷出的情况。这也表明，尽管农业集体化完成后，农业生产经营形式上改变了过去农户单干的状况，但是，由于农业生产力水平并没有得到根本性的提高，农户家庭收支不稳定，偶遇天灾人祸，仍会处于艰难境地。

　　农民的收支结构是农村经济发展状况的现实反映，而中国作为一个农业大国，当时农民的消费水平和消费结构也是当时中国社会经济发展的反映。农户消费水平的低下则从侧面反映了农民收入水平的低下，乃至整个社会经济发展水平的落后。

第四章 农家收入增长缓慢的原因解析

　　土改后由于生产关系的变革，激发了农民生产积极性，农户收入得以增长。国民经济恢复后，中国选择了重工业优先发展战略，工业与农业的矛盾顿时凸显，表明农业发展速度与工业发展需求不相匹配。过渡时期总路线在农村贯彻实施后，农民发展个体生产的积极性受到遏制，进而影响农民收入水平的进一步提升。1949—1955 年全国农民人均收入分别为 55.19元、63.75 元、68.43 元、76.76 元、76.49 元、78.85 元、84.94 元。[①]1950—1955 年环比增长速度分别为 15.51%、7.34%、12.18%、－0.35%、3.09%、7.72%。总体来看，20 世纪 50 年代前期，除 1950—1952 年农民收入增长速度加快之外，之后农民收入增长速度较缓，甚至出现下降。新中国成立时，由于长期斗争消耗与敌寇破坏，使全国农业生产水平一般较抗战前下降约 1/4，某些新解放区，甚至下降到 1/3 左右。老解放区经过几年生产恢复，仍较抗战前低 15% 左右。[②] 因此，1950—1952 年农户收入增长的基数极低，属于恢复性增长。

第一节　土改前后农家收入增长缓慢的原因

　　土改后，由于政策的积极作用，农民释放了所蓄积的劳动热情，农民个体劳动的积极性得到了较大程度的发挥，农民的收入水平有了一定幅度的增长，使大部分农户经济地位有了一定的提升，这一阶段农户的经济地位的上升是农民在党的领导下的积极、主动的上升过程。土地改革是由革命运动而引起的农业生产关系的变革，虽然打破了束缚农业生产力发展的

---

　　① 中国社会科学院、中央档案馆编：《1953—1957 年中华人民共和国经济档案资料选编》农业卷，第 1146 页。

　　② 同上书，第 35 页。

枷锁，但是从农业经济本身来看，土地改革既不是农业生产力本身质的变化，也不是因农业生产力发展而引起的变革，它没有取消反而强化了以农民家庭为单位的农业个体经济。在整个农业生产力没有得到根本性变革情况下，土改后所形成的农民个体经济在短时期内没有也不可能从根本上缓解农民的贫困，偶遇天灾人祸，农民又会陷入贫困境地。

一　农业生产水平落后及天灾人祸的袭击

（一）农村各阶层的生产资料普遍缺乏

土地改革后，农村消灭了封建土地制度，农民在政治上和经济上翻了身，但由于中国农村经济发展落后，广大农民家庭经济总体上还是处在一个很低的水平上。据抽样调查，土地改革结束时至1954年年末，调查的生产资料占有情况如表4－1所示。

表4－1　土改时、1954年23个省15432户农户的生产资料变化情况

	耕地（市亩）		耕畜（头）		犁（部）		水车（部）	
	土改时	1954年年末	土改时	1954年年末	土改时	1954年年末	土改时	1954年年末
总计	15.25	15.80	0.64	0.92	0.54	0.62	0.10	0.11
社员户	—	16.17	—	0.83	—	0.54	—	0.05
贫雇农	12.46	11.24	0.47	0.51	0.41	0.36	0.04	0.06
中农	19.01	17.72	0.91	1.10	0.74	0.74	0.13	0.13
富农	25.09	31.10	1.15	1.84	0.87	1.22	0.22	0.35
过去的地主	12.16	12.81	0.23	0.51	0.23	0.39	0.04	0.06
其他	7.05	—	0.32		0.38		0.06	—

资料来源：根据中华人民共和国统计局《1954年全国农家收支调查资料》（1956年5月），广东省档案馆，MA07－61－222整理。

土改后，农村经济几乎变成清一色小农家庭经营，在以传统农业为主体的农村，土地是农家生命赖以生存和循环的最主要的生产资料，是整个农村经济与农家生活的基础。人地矛盾一直是困扰近代以来中国农村社会经济发展的重要问题之一，表4－1显示，土地改革结束时农户户均占有的土地仅在15亩左右，从人均占有耕地面积来看，据国家统计局的抽样调查，1954年农民人均占有的土地面积为3.39亩。作为农家收入主要来源的耕地不足，必然导致农家物质生活水平的下降与恶化，整个家庭生活

贫困化的程度就越高。同时，由于当时中国刚刚结束百余年战乱，农村的财产已经消耗殆尽，经营传统农业的生产资料，诸如牲畜、手工工具、肥料、种子也非常缺乏，生产耕畜和主要农具户均占有不足一头（件），生产工具极其缺乏和粗陋，大多数农户独立从事家庭经营尚感困难。

土改结束时，占农户 60% 左右的贫雇农阶层生产生活状况较其他阶层更差。根据湖北、湖南、江西 3 省调查，1952 年，贫农、中农、富农 3 个阶层的人口规模分别为 3.82 人/户、4.77 人/户、5.40 人/户，由于土地改革是按照人口分配土地和其他生产资料，贫农阶层人口规模较小，土改中所获生产资料必然就少。从人口负担（人/劳动力）来看，1952 年贫农、中农、富农 3 个阶层的人口负担分别为 1.95、1.85、1.99。[1] 一方面，贫农阶层由于人口规模较小，户均占有生产资料总数少；另一方面，由于贫农阶层家庭单位劳动者负担的人口数量较多，在农业收入作为主要收入来源的情况下，很大程度影响了贫农家庭收入的增长。

土改后，有着历史传统的"插犋"、"换工"等互助形式，在党和各级政府的倡导下，很快发展起来，则从侧面反映了当时农民的贫困状况。

由于中国传统社会农业生产技术落后，劳动生产力水平不高，有限的经济增长无法满足日益增长的人口的物质需要。土改结束时在人均耕地过少，整个农业生产力水平无根本改变情况下，给大多数农家生活形成压力，农村家庭特别是占农户总数近 60% 的贫雇农，仅凭农副业收入无法满足家庭成员基本需求，而要维持生存，便需要出雇、借贷或出卖生产资料解决。

（二）农产品产量低下

由于农业生产力低下，农产品亩均产量低。根据统计资料计算，1949—1954 年全国粮食亩均产量分别为 137.24 市斤/亩、153.98 市斤/亩、162.67 市斤/亩、176.28 市斤/亩、175.65 市斤/亩、175.22 市斤/亩。[2] 另据国家统计局 1954 年的抽样调查资料，主要农作物的单位面积产量如表 4-2 所示。

---

[1]　中共中央中南局农村工作部：《中南区 1953 年农村经济调查统计资料》（1954 年 7 月），湖北省档案馆，SZ-J-517。

[2]　国家统计局国民经济综合统计司编：《新中国五十五年统计资料汇编》，中国统计出版社 2005 年版，第 44、45 页计算。

表4－2　　　　　　　1954年全国主要农作物单位面积亩产量　　　单位：市斤/市亩

粮食作物						技术作物						
稻谷	小麦	大豆	杂粮	薯类	总计	棉花	烤烟	花生	油菜籽	芝麻	甘蔗	甜菜
309	163	83	122	209	159	70	138	170	71	26	5494	1971

注：杂粮包括粟、玉米和高粱。

资料来源：根据《1954年全国农家收支调查资料》（1956年5月），广东省档案馆，MA07－61－222整理。

从表4－2可知，1954年全国主要农作物的亩产量情况是：水稻亩产仅300斤左右，小麦亩产在160斤上下波动，大豆的亩产甚至不足百斤，杂粮的产量也在100斤左右。而且这些亩产量反映的是土改两三年后农业生产有了一定程度发展的农作物生产情况，土改刚刚结束时农作物的亩产量还要低于这一水平。由于农业生产成果主要靠投入密集的劳动力取得的，这也反映了劳动生产率的低下。农作物单位面积产量低下再加上土地总量不充裕，人均耕地匮乏，导致农户收入水平低下。

（三）农业生产合作组织发展水平

在农户基本生产资料普遍缺乏、自然灾害频发条件下，农户之间的互助合作对于克服生产困难、战胜自然灾害，从而在提高劳动效率、农业产量乃至增加农户收入等方面无疑是一个重要手段。

资料显示，山西李顺达、吉林韩恩、河北高贯斗、山东吕鸿宾、陕西弓维周等互助组1950年的产量均超过抗战前水平1倍以上，据河南襄城、郏县、确山、孟津等典型村调查，较好的互助组比一般生产较好的单干户1951年每亩多收小麦一成至二成。[①] 陕西省17个乡的调查，到1954年组织起来的农户占总户数的61.68%，其中参加农业合作社的占14.50%，参加常年互助组的占22.04%，临时互助组占25.26%。在农业合作社中，贫雇农占12.34%，新下中农占37.12%，老下中农占20.57%，新上中农占9.99%，老上中农占20.08%。由于组织起来解决了部分劳力、畜力、农具的困难，提高了产量，增加了收入，因而贫雇农迅速上升。据调查，贫雇农参加农业合作社上升的，占入社贫雇农总数的79.37%，比贫雇农

① 中华人民共和国国家农业委员会办公厅编：《农业集体化重要文件汇编1949—1957》上册，第47页。

平均上升比例高 12%。留壩榆林铺乡贫农伍少宾 1952 年参加互助组，1953 年转社，1954 年收入较入组前增加 74.60%，上升为中农。[①] 另据鄂、湘、赣 3 个省 10 个乡调查，1953 年未组织起来的农民人均全年收入折合稻谷 1183 市斤，季节性互助组人均 1329 市斤，比未组织户高 12.34%，常年互助组人均 1455 市斤，比未组织户高 23%，比临时互助组高 9%，农业生产合作社，人均收入 1562 市斤，比未组织农户高 32%，比临时互助组高 18%，比常年互助组高 7%。[②] 如表 4 - 3 所示，在小型互助合作组织中，通过农业生产过程中的合作互助，不仅可以一定程度克服农户缺乏种子、耕牛和农具等困难，而且组织起来计划分工，可以节省更多剩余劳动力从事农业的基本建设和进行副业生产，从而增加农户的收入。

表 4 - 3　　　　1953 年鄂、湘、赣 3 个省 10 个乡农户人均收入比较

单位：折合稻谷市斤、%

	未组织户	临时互助组		常年互助组		农业生产合作社	
	人均收入	人均	比未组织户高	人均	比未组织户高	人均	比未组织户高
贫农	955	1126	17.91	1295	35.60	1401	46.70
中农	1214	1371	12.93	1435	19.69	1471	21.17
富裕中农	1634	1655	1.29	1644	0.61	1745	6.79

资料来源：中共中央中南局农村工作部：《中南区 5 省 35 个乡 1953 年农村经济调查总结》（1954 年 7 月），湖北省档案馆，SZ - J - 514。

（四）家庭手工业发展受限

新中国成立初期，为恢复国民经济，活跃市场，国家实行"公私兼顾、劳资两利、城乡互助、内外交流"政策，由此个体手工业也得到快速发展。过渡时期总路线提出之后，国家加强了对私改造的步伐，同时，随着国营、公私合营、合作社营工业逐渐建立和壮大，生产发展较快，手工业在工业产值中所占的比重趋于下降（见表 3 - 4）。1953 年 11 月 20 日

① 《陕西省农村调查》，《八个省土地改革结束后至 1954 年的农村典型调查》，第 51—52 页，山西省档案馆，21 - 8 - 1 - 2。

② 中共中央中南局农村工作部：《中南区 5 省 35 个乡 1953 年农村经济调查总结》（1954 年 7 月），湖北省档案馆，SZ - J - 514。

至12月17日，全国合作总社召开了第三次全国手工业生产合作会议。会议提出：采取由手工业生产小组、手工业供销生产合作社到手工业生产合作社的方式，对个体手工业进行社会主义改造。在此过程中，与农民生产生活息息相关的乡村手工业的变化趋势如何呢？根据河南省调查，1955年起，个体手工业的户数、人数、产值都开始下降，尤其是乡村个体手工业下降幅度较大。以1954年为100，则1955年乡村手工业的户数为41，人数为57，产值为63。[①] 据该省对21个行业的农民兼营商品性手工业调查，如表4-4所示。

表4-4 1950—1955年河南省21个行业的农民兼营商品性手工业变化情况

年份	总产值（千元）	指数
1950	52036	100
1951	61096	117.14
1952	71367	137.15
1953	74027	142.26
1954	70464	135.41
1955	65994	126.82

资料来源：《1955年河南省手工业调查报告》，《1954年全国个体手工业调查资料》，第168页。

1953年10月，随着统购统销政策的实施，农业合作化步伐加快，很多农民快步加入农业生产合作社。在合作社中，政府在政策上容许社员家庭可以经营少量的家庭副业（含动物饲养、采集渔猎、农产品加工、家庭手工业等）。但由于实际上存在种种限制，如劳动力的自由度大大削弱，许多副业依托的自留地数量少，资金和工具不足，流通不畅，以及地方政府或农业社人为地禁止私人进行许多项目的经营，社员家庭副业困难重重，从而导致副业收入占全部收入比重减少。因此，表现在农民兼营商品性手工业产值上1954年、1955年逐步下降（见表4-4）。另据黑龙江省调查，1949—1955年，该省农民兼营性手工业产值分别为1600万元、

[①] 《1955年河南省手工业调查报告》，《1954年全国个体手工业调查资料》，第165页。

1800万元、1650万元、2015万元、1550万元、1330万元[1]，可以看出1953年之后，该省农户兼营的手工业产值趋于下降。如河北省统计局对该省1019户农家的调查，1954—1956年，在现金收入结构中，户均手工业产品收入分别为9.22元、7.22元、5.19元，占户均现金总收入的比重分别为3.50%、2.39%、2.19%[2]，反映该省农户商品性手工业收入也趋于下降。再如江西省的调查，1949—1954年该省金属制品业和棉织业两个部门手工业发展情况，如表4-5所示。

表4-5　1949—1954年江西省金属制品业和棉织业两个部门手工业发展情况

单位：百万元

		个体手工业者		个体手工业者合伙组织		农民兼营商品性产值	手工业生产合作组织		资本主义手工工场	
		从业人员	总产值	从业人员	总产值		从业人员	总产值	从业人员	总产值
1949年	金属制品	17923	62315	357	2238	1504	—	—	270	8689
	棉织业	7935	28508	71	298	68640	—	—	343	5147
1950年	金属制品	20071	100898	418	3538	1759	—	—	386	12425
	棉织业	10585	403297	76	378	88349	—	—	343	5147
1951年	金属制品	20407	142336	455	5507	2069	—	—	994	31979
	棉织业	136311	69199	230	1199	140635	575	7072	1081	19466
1952年	金属制品	19633	146104	491	6624	2048	239	369	1184	38092
	棉织业	13684	—	141	640	17738	846	15541	1483	26683
1953年	金属制品	19961	166484	522	7623	2525	171	1001	1224	39378
	棉织业	15293	73774	642	4629	195947	960	13342	1604	24006
1954年	金属制品	19737	115717	1067	17234	2088	4468	20943	965	31054
	棉织业	8691	38586	739	4380	82017	1082	20356	1569	10884

资料来源：《1954年全国个体手工业调查资料》，第177、178页。

随着农业、手工业、工商业社会主义改造的步伐不断加快，一部分个体手工业者被吸收进农业合作社内，导致个体手工业本身减少；加之国

---

[1] 《黑龙江省个体手工业综合文字分析报告》，《1954年全国个体手工业调查资料》，第73页。

[2] 河北省统计局编：《河北省1954—1957年农民家庭收支调查资料》，1958年4月，河北省档案馆，D422.7.9.1。

营、合作经营商业加工订货的逐年增加，以及统购统销政策的实施，乡村部分个体手工业原料供应和销售市场也遇到一些困难。由此可见，在乡村手工业生产中，个体手工业及农民兼营性手工业产值趋于下降，同时，合作形式的手工业产值不断上升（见表4-4和表4-5）。如浙江省的调查，"个体手工业产值1954年比1953年下降9.15%，其中主要原因是实施计划供应后，棉、粮、油灯农产原料以满足大型及现代工业为主，因此供应个体乃相对下降，如占个体产值最大的食品部门（1954年占个体总产值的35%），1954年比1953年下降15.39%，其中食用油脂下降34.27%，豆粉制品下降22.87%；纺织部门下降14.81%，其中棉布下降34%，缫丝下降43.38%"。①

20世纪50年代前期，在农业生产力不发达情况下，乡村手工业的存在是对农户生产生活的重要补充。乡村手工业经济是小商品经济，它的生产活动离不开市场，通过原料供应和产品销售同其他经济和消费者产生不可分割的联系。乡村手工业生产担负了供应广大农民和城镇居民在生产生活上必需品的任务，同时又为农村土特产加工，推销农民的土特产品与农业生产结合在一起，直接增加了农民收入，提高了农民的购买力。乡村手工业的发展对加强城乡物资交流，活跃市场也发挥了不可或缺的作用。农户家庭手工业发展受限，会直接影响农户收入水平的进一步提升。

（五）天灾人祸袭击

国民政府时期，各地江湖河堤长年失修，河底淤泥充塞，防汛组织、设备诸多废弛，国民政府军队溃逃时，又沿江挖壕，大肆破坏，堤身千疮百孔，支离破碎。新中国成立初期，党和人民政府领导广大人民群众进行了大量的农田水利建设，对大江、大河进行整治，抵御自然灾害，降低灾害损失，但由于各种水利设施长期破坏严重，短期内承灾、防灾、抗灾和救灾能力低下的状况未能从根本上解决。1949—1952年全国受灾和成灾面积情况如表4-6所示。

1954年夏秋，长江中下游地区发生百年不遇特大洪水。水灾造成大量房屋倒塌、基本设施破坏及人员伤亡，使社会运行受到严重影响。据湖北省的灾情资料显示，"全省因灾死亡31762人，死耕畜16056头，倒塌

① 《浙江省1954年个体手工业调查报告》，《1954年全国个体手工业调查资料》，第111—112页。

民房 2205135 间，浸湿和冲走粮食 6935743 斤"。"截至 8 月 19 日，据 49 个县、2 个市和 1 个省属农场统计，全省首载体第 2223 万亩，占全省总田亩的 35%强，受灾人口 10347000 余人，占全省总人口 39%强。"①

表 4-6　　　　　　　1949—1952 年全国受灾和成灾面积　　　　单位：万亩

年份		1949	1950	1951	1952
	受灾面积	12.787	15.018	18.843	12.284
	成灾面积		7.683	5.663	6.649
其中：水灾	受灾面积	12.787	9.838	6.260	4.191
	成灾面积		7.065	2.214	2.766
	成灾占受灾(%)		71.8	35.4	66
旱灾	受灾面积	—	3.597	11.744	6.354
	成灾面积		618	3.449	3.883
	成灾占受灾(%)		17.2	29.4	61.1

资料来源：中国社会科学院、中央档案馆编：《1949—1952 中华人民共和国经济档案资料选编》农业卷，第 53 页。

在湖南，1954 年 9 月 9 日，中央生产救灾委员会湖南省工作组关于湖南省水灾视察报告指出：全省受灾面积达 1313 万亩，灾民 680 多万人，其中堤垸溃灾面积 380 多万亩，灾民 160 多万人，溃灾面积 188 万亩，被溃湖岔田 68 万亩，灾民近 100 万人，山洪灾面积 607 万亩，灾民 351 万人，受灾面积和人口均超过了水灾严重的 1949 年。由于灾害的发生，严重地影响了农业增产任务的完成。省委估计，灾区将减产 44.2 亿斤粮食，另皮棉 2552 万斤，其中湖区减产 35 亿 2000 万斤，山区 9 亿斤，因而在颇大程度上影响了全省人民的经济生活。②

新中国成立初期，中国经济落后，卫生状况差，医疗事业落后，人民健康水平低，人口死亡率在 30‰以上，婴儿死亡率高到 200‰，产妇死亡

---

① 《1954 年湖北省灾情统计资料》，《湖北省 1954 年防汛抗洪档案选编》，1998 年编印，第 226、373 页。

② 中央生产救灾委员会湖南省工作组：《关于湖南省水灾视察报告》（1954 年 9 月 9 日），转引自刘大禹《试论 1954 年水灾和新中国成立初期农村集体保障制度的关系——以 1954 年湖南水灾为例》，《船山学刊》2005 年第 4 期。

率在150‰，平均预期寿命仅为35岁左右。[①] 而当时的卫生机构、设施基本集中在城镇，广大农村地区则传染病流行猖獗，寄生虫病传播广泛，缺医少药。农户收入水平低下，加之解放初期农村医疗保障体系的缺失，往往引起农民因病而负债、致贫、返贫的现象。如湖北省孝感县太子乡贫农李传高，1952年手脚肿胀，为了治病卖房子两间，卖田1.45亩，还把分进的0.25头牛也卖了。[②] 更重要的是，患病期间劳动力不能劳动而影响生产，其损失无法计算。

二　过渡时期总路线提出后农户经济地位的被动保持

土改后，农户收入水平总体呈缓慢上升趋势。按照一般逻辑，土改后应继续稳定原有的能充分调动农民个体劳动积极性及促进农业生产力发展的政策，进一步进行制度创新，以保证农民收入持续增长。但是，过渡时期总路线提出之后，打破了经济社会正常发展逻辑。

土地改革后，农民无偿获得地主的土地、牲畜及农具之后，由于生产的发展，收入的增加，又有相当多的贫农和中农通过各种形式继续增加了部分的土地、耕畜和农具，但也有一部分贫农因生产生活资料不足以及遭受天灾人祸的袭击出卖了部分土地。中农阶层中部分富裕中农增加了部分土地和生产资料，从事剥削，上升为新富农。富农则因占有土地多，劳力不足，剥削受到一定的限制，也有一些出卖了部分土地而下降为中农和贫农。由此，一方面，说明当时农村阶层分化的特点是：贫农、富农比重下降，中农比重扩大。这就不同于资本主义制度下农村的阶级分化，即贫农、富农增加，中农减少规律；另一方面，说明农村中富农资本主义所有制和大量分散个体农民所有制的存在，农民内部分化现象不可避免要发生，这是必然的规律。对此，当时中央认为，只有把农民引导到集体所有制的农业合作化轨道上来，才能改变分散落后的小农经济私有制的生产关系，消灭农村中阶级分化现象。

（一）过渡时期总路线提出后农村主要阶层思想动态

过渡时期总路线的基本任务是，完成社会主义改造，消灭一切私有制。对劳动者个体经济，要趁热打铁，实现农业集体化。《总路线宣传提纲》指出："非社会主义因素将不断受到限制、改造甚至消灭。"毛泽东

---

① 苏少之：《中国经济通史》第十卷上册，湖南人民出版社2002年版，第1142页。

② 中共湖北省委农村工作部：《湖北省12个典型乡调查报告》（1956年4月），湖北省档案馆，SZ–J–526。

在中共七届六中全会上指出：我们就要使"资本主义绝种，小生产也绝种"。过渡时期总路线在农村宣传贯彻之后，对农村原先提倡的"四大自由"进行了批判，进而把农民放债、买卖青苗、买卖土地、土地租佃、雇工经营及经营商业等经济行为视作资本主义自发势力予以打击。下面考察过渡时期总路线在农村贯彻执行之后，农村主要阶层（此处的阶层是调查时根据农户当时的经济状况新划分的）的思想动态。

1. 贫农

农民本来就存在浓厚的平均主义思想，刚刚经过一场分配土地财产的巨大变革，中共又在农村大力宣传要通过社会主义改造来消灭"两极分化"，使他们误认为社会主义又是一次均贫富，就助长了平均主义的蔓延。在一部分农民中形成了富裕可耻、贫穷光荣的思想，使一部分农民不积极发展生产，"经常幻想着再斗争再分配"[1]，寄希望于政府救济又救济，想早点进入吃"大锅饭"的"社会主义"。如有的农民看见别人买马就说："将来进入社会主义，你还不是一样没有马?"[2] 有的农民认为："政府的政策不让饿死人，没啥吃政府总不能让饿死。"[3] 当然，也有一部分贫农是"心有余而力不足"，这部分人迫切要求搞好生产，争取早日赶上中农，但由于耕牛农具的缺乏、生活上的困难，经营副业又怕说成"搞自发势力"，出雇无人喊，社会借贷停滞，在这种情况下很着急。

2. 中农

由于土改斗争的震荡与农业社会主义思想的影响，使农民，特别是中农，误认为私有财产没有保证，社会主义就是"铲平"。因而心存顾虑，"等社会"，不敢大胆发展生产，或生产不积极。这说明经过土改，新的生产关系虽然已经建立起来，但还必须经过一定的稳定过程，才能很好地发展在土地改革基础上所发扬起来的农民生产积极性，使解放了的农村生产力得到充分的发展。中共中央关于春耕生产给各级党委的指示中也指出：在土地改革刚结束的地区，必须在农民群众中进行保护农民所有制的

---

① 中华人民共和国国家农业委员会办公厅编：《农业集体化重要文件汇编》（1958—1981）下册，中央党校出版社1982年版，第255页。

② 中华人民共和国国家农业委员会办公厅编：《农业集体化重要文件汇编》（1949—1957）上册，第9页。

③ 中共中央中南局农村工作部：《中南区35个乡农村经济调查总结》（1954年7月），湖北省档案馆，SZ－J－514。

宣传，解除农民"怕归公"的思想顾虑，安定农民的生产情绪。经过一系列的措施，农民生产上的顾虑得到一定的解除，平均主义思想也很快得到克服，一时颇为紧张的农村很快就安定下来了，对于发展生产起了积极作用。①

总路线宣传后，中农阶层一般要求参加互助合作组织，发展农业生产，增加收入（多系新中农）；但一部分又产生了新的顾虑，对社会主义不摸底，误认为是平均，对新道路勉强，有"等齐上升"思想（多系老中农）；另一部分富裕中农，尤其是严重的"自发户"顾虑大，他们认为不许囤粮，不许放高利贷，不许买青苗就是不许发展，他们的论调是，"要发财就得有点剥削"，"好容易奔到有碗饭吃，现在算是完啦！"② 因此，就表现出生产消极和生活浪费现象，如湖北省建始县七矿乡富裕中农樊永辉余资不投入生产，1953 年杀了三头大肥猪（700 斤），全部自食，喝酒 360 斤。③ 在河南，对于合作社中农怕不能保证增产，怕归公，怕不自由，并抱着"自愿我等等，强迫我试试"的观望态度。④ 在湖南，随着过渡时期总路线在农村的宣传和粮食统购统销政策的实行，部分富裕中农在思想顾虑很大，表现为"三怕"，即怕"露富"、怕说"自发势力"戴剥削帽子、怕统购。因而，装苦叫穷，闹"假分家"，余资余粮不敢公开外借，见了干部就打探政策，个别的生活大吃大喝。⑤ 还有的富裕中农反映："放债不许可，有钱没地方花，只有穿好些、吃好些，看看采茶戏。""明年田里不下肥，免得人家说我多打谷子。"⑥

3. 富农

富农分旧富农和新富农（剥削收入占其总收入的 25% 以上）。旧富农

---

① 刘建勋：《中南区 1953 年农村工作的检讨及 1954 年农业生产计划和具体任务》（1954 年 3 月 20 日），中共中央中南局农村工作部编：《中南区农村工作资料汇编》，1954 年 10 月，第 20 页。

② 中共湖北省委农村工作部：《湖北农村经济调查：五个典型乡综合材料》（1954 年 6 月），湖北省档案馆，SZ18 - 1 - 285。

③ 湖北省农村经济调研组：《建始县七矿乡经济调查情况综合报告》（1954 年 9 月 22 日），湖北省档案馆，SZ18 - 1 - 133。

④ 《中共河南省委农村工作部关于去冬互助合作运动情况和今春工作意见的报告》（1954 年 2 月），《中南区农村工作资料汇编》，第 404—405 页。

⑤ 湖南省委农村工作部：《衡阳县永寿乡农村经济情况调查》（1955 年 5 月），湖南省档案馆，146 - 1 - 37。

⑥ 中共中央中南局农村工作部：《中南区 35 个乡农村经济调查总结》（1954 年 7 月），湖北省档案馆，SZ - J - 514。

多数已无剥削，无剥削户占原户数的比重为：湖北为 41%，湖南为 68%，江西为 66%，广东为 65%，一部分土改中削弱较多和曾因划为地主，土地和生产资料被没收，改划成分后未全部归还的户，生产生活已下降为贫农。新富农是由中农（主要是富裕中农）和少数贫农上升起来的。1953年就中南区全区而论，户口约占农村总户数的 1%，广东比较少，占0.74%。① 过渡时期总路线给了富农很大震动，对社会主义不摸底，偷偷看风色，对党领导农业生产走向合作化，实行个体小农经济改造与限制富农经济，以及大力帮助贫农迅速富裕起来，达到共同上升，富农是不满的，他们说："搞社会主义是见鬼的事，做哪一行就说哪一行好。"② 国家统计局 1954 年调查表明，富农单位面积创造的农副业收入只高于平均水平的 4%，不能不说是富农懈于经营的结果。有的地方还出现富农抛荒现象。

（二）农户经济地位被动保持的原因

新中国成立后，中国农村经济进入了一个剧烈变革时期，从实现"耕者有其田"的土地改革到完成生产资料集体所有制的农业集体化运动，在变革过程中，旧的制度逐渐被荡涤，新的制度正逐步形成和建设。与此同时，中国的社会经济形态经历了两次转轨。第一次转轨，是在半殖民地半封建经济形态基础上，在全国建立起新民主主义经济形态，以社会主义国营经济为领导，多种经济成分并存，市场调节和计划调节同时发挥作用，新民主主义经济制度符合中国国情，促进国民经济奇迹般恢复。第二次转轨，从 1953 年开始，通过对生产资料的社会主义改造，到 1956 年中国建立了高度集中的计划经济体制。在转轨过程中，经济社会生活的方方面面充满着转变与摩擦。与此同时，中国乡村经济社会也发生了巨大变化。

土改后，由于农村经济的发展，原来的贫雇农地位得以提升，农民内部出现了一定程度分化，这种分化最明显的表现就是中农化趋势增强，中农在农村阶层结构中占据主导地位。国民经济恢复后，中国选择了重工业优先发展战略，中共试图用农业合作化的办法以促进农业生产的发展，并

---

① 中共中央中南局农村工作部：《中南区 35 个乡农村经济调查总结》（1954 年 7 月），湖北省档案馆，SZ - J - 514。

② 湖北省农村经济调查工作组：《浠水县白石乡农村经济调查报告》（1954 年 9 月 20 日），湖北省档案馆，SZ18 - 1 - 133。

从农业中提取更多的积累以支援工业化建设。初级农业生产合作社虽然没有完全取消生产资料私有制，但是改变了家庭经营方式，获得了对生产资料、农民劳动力的使用权和支配权，实行统一经营，集体劳动，采取"按劳分配和按土地分红"分配方式，由于存在对劳动成果质量计量的困难，而导致"平均主义"盛行。由于建社中未能很好贯彻"自愿互利"政策，贫农揩中农油问题在一些地方比较严重，进而引起了劳动力相对较强、生产资料相对较多的中农的怀疑与不满。有些富农农户入社后，很苦恼，认为"这次入社是堂屋里的天井——明漏子"，"多少得破点皮（吃亏的意思）"。[1] 另据对湖北 10 个乡的调查，有些老富裕中农"由于他们的资本主义思想受到政治压力，为了取得政治地位，避免遭受打击、受排斥，以及其他种种原因，不得已而入社，但入社后又感到划不来，对生产消极，不大出工，不肯投资"。又如对湖北浠水望城乡 405 户的调查，其中有 20 户新富裕中农，仅有 6 户（占本阶层总户数的 30%）对合作化运动抵触，这些人"多是有些剥削行为或商业投机的人"。[2] 再如对江西省丰城县爱国乡、上高县新华乡、九江县石门乡 3 个乡的调查，新富裕中农有 57 户，全部入了社。但是，由于具体情况不同，思想状态各异，除个别乡村中的干部、党团员、积极分子对走合作化坚持外，一些农民在互助合作高潮到来的形势下心存顾虑，"不入社吧，眼看资本主义道路已被堵塞，又怕旁人说自己思想顽固"，迫不得已而入社。上述 3 个乡老富裕中农有 79 户，已入社的 71 户，占本阶层的 90%。未入社的户，均是劳力强，生产资料齐全，对走合作化道路顾虑重重，既怕耕牛、农具折价入社别人占了便宜，又怕自己田地好，产量评不高，更怕入社不能保持原来的收入，抱着能单干一天就单干一天的态度。[3]

　　针对中农的这种怀疑动摇态度，毛泽东根据农民对合作化运动的态度和富裕程度，把中农重新划分为新中农、老中农、新下中农、老下中农、中中农、新上中农、老上中农七个阶层。他认为：贫农、新中农中的下中

　　① 赵辛初：《中南区去冬今春试办农业生产合作社的总结和今后意见》（1954 年 3 月 26 日），《中南区农村工作资料汇编》，第 328 页。

　　② 《湖北省农村调查》，《八个省土地改革至 1954 年的农村典型调查》，第 83—84 页，山西省档案馆，21 - 8 - 1 - 2。

　　③ 《江西省农村调查》，《八个省土地改革至 1954 年的农村典型调查》，第 211—212 页，山西省档案馆，21 - 8 - 1 - 2。

农（包括中中农）、老中农中的下中农，他们因为生活困难或还不富裕，"有一种组织合作社的积极性"，要把这些人作为合作化的依靠对象，依其觉悟程度，分批吸收他们加入合作社。对于富裕中农，除真正有觉悟的外，暂不吸收入社。① 对中农阶级的细分和对其内部不同阶层的重新定位，一方面，使富裕中农被排除在依靠对象之外，使农业合作化运动中阶级斗争内容有了新的内涵，富裕中农极易成为运动的牺牲品，致使农民阶级内部的阶层朝中农单一化方向发展。另一方面，将中农阶级细化为七个不同的等级，并非根据农民经济条件的差异而确定的，而是出于政治斗争需要的刚性定位，这种刚性定位所带来的政治高压，使中农进一步正常发展受到遏制。这就是过渡时期总路线实施后，农民在经济上不敢进一步发展而保持中农化的重要政治原因。

在经济社会变革过程中，贫雇农作为基本依靠力量，转化成乡村的权威群体，地位得到上升，造成了农村中普遍存在"以穷为荣"、"以富为耻"的思想。加之了许多地区在农业合作化运动中"宁左毋右"，未能很好贯彻阶级政策，不仅没有中立富农，而且在细分中农阶层之后，原本作为依靠对象的富裕中农也被排除在依靠对象之外。当时的富裕中农其实并不富裕，只是同贫农比较，土地肥一点，耕畜、农具多一点，手头活一点。他们所以比较富一点，绝大多数是劳动比较勤奋的结果。贫苦农民通过勤奋劳动变成富裕中农，本身就是一种进步，是农村经济发展的体现。应当鼓励，而不应当批评。但在中共七届六中全会的总结中还把富裕中农同地主、富农摆在一起，更重要的是这个精神传到农村里，使不少地方出现了一股批判富裕中农的风气。② 使得农民产生了"越穷越革命，富了难革命"的错觉，抑制了广大农民生产发家致富的热情，丧失了进一步发展的动力，宁愿保持贫下中农的地位，也不愿意被扣上富裕中农等不光彩的政治成分的帽子。在对社会主义的憧憬中，疯狂向农业合作社挤车，以保证自己政治身份的平稳与社会的认同，进而抑制了农民内部的分化与发展，使农民在过渡时期总路线实施后总在中农阶层徘徊不前。

---

① 薄一波：《若干重大决策与事件的回顾》上卷，中央党校出版社 1991 年版，第 354 页。
② 同上书，第 362 页。

第二节 合作化后农家收入变化情况及 "拉牛退社" 风潮

合作化后，在高级社中由于分配方式由 "按土地分红和按劳分配相结合" 转向单一的 "按劳分配"，致使一部分在合作化前生产条件较好的农户在合作社中收入增长缓慢甚至出现下降状况，引起他们的不满，导致 "拉牛退社" 风潮。

一 合作化后各阶层农户收入变化情况

如上文所述，虽然总体看来，1956 年调查社的农户收入水平较 1955 年有了一定程度增加，但各阶层间增长的幅度不一致。同时，由于各阶层入社前的实际收入的水平、劳动力与人口、家庭副业的经营情况不一，因而不仅在增收幅度上有所差别，且各阶层收入增减变化在户数上也存在一定程度差异。据全国 20 个省（区）546 个社各阶层社员户的收入变化调查，如表 4-7 所示。

表 4-7 1956 年全国 20 个省（区）546 个高级社中各阶层社员收入增减情况

	总户数	增收户占总户数的比重（%）	平收户占总户数的比重（%）	减收户占总户数的比重（%）
总计	195354	67.59	4.32	28.09
贫农	65394	69.34	4.13	26.53
新下中农	39184	72.89	4.10	23.01
老下中农	35333	64.26	4.61	31.13
新上中农	17268	67.45	4.53	28.02
老上中农	23542	61.92	4.88	33.20
其他劳动者	2768	62.50	6.43	31.07
富农	5194	57.78	3.81	38.41
地主及其他剥削者	6671	65.48	4.55	29.97

资料来源：中共中央农村工作部办公室资料组编：《农业合作化第一年廿五个省（市、区）农业生产合作社典型调查》，中国农业出版社 1959 年版，第 106 页。

如表 4-7 所示，1956 年合作社中大部分社员增收，贫农和新下中农增收户数比例大于其他各个阶层，而减收户的比例则小于其他各阶层，老上中农、富农两个阶层增收户所占自身户数的比重均低于平均水平。

另据吉林、山西、陕西、河南、湖北等省高级社各阶层农户收入增减情况调查，如表4-8所示。

表4-8　　1955年、1956年调查省的高级社各阶层农户收入增减情况　　单位：%

		吉林21社	山西6社	陕西9社	河南89社	湖北15社
贫农	增加收入户	65.54	70.47	69.88	70.33	72.70
	收入相同户	3.98	8.05	3.61	2.60	10.52
	减少收入户	30.48	21.48	26.51	27.10	16.78
新下中农	增加收入户	69.45	72.01	78.09	73.70	71.31
	收入相同户	2.03	7.13	1.29	2.40	11.67
	减少收入户	28.52	20.36	20.62	23.90	17.02
老下中农	增加收入户	80.21	59.67	69.01	66.10	65.70
	收入相同户	1.97	8.01	2.66	2.70	10.75
	减少收入户	17.82	32.32	28.33	31.20	23.55
新上中农	增加收入户	74.88	70.51	78.57	68.30	71.80
	收入相同户	1.71	8.98	2.86	2.50	9.95
	减少收入户	23.41	20.51	18.57	29.20	18.25
老上中农	增加收入户	68.00	61.43	61.64	59.60	67.24
	收入相同户	2.13	8.53	4.57	2.80	10.97
	减少收入户	29.87	30.04	33.79	37.60	21.79
其他劳动者	增加收入户	86.36	—	—	61.40	—
	收入相同户	—	—	—	5.40	—
	减少收入户	13.64	100	—	33.20	—
新富农	增加收入户	44.44	—	—	—	—
	收入相同户	—	—	—	—	—
	减少收入户	55.56	—	—	—	—
旧富农	增加收入户	84.90	53.06	60.00	64.90	66.67
	收入相同户	1.63	4.08	—	2.70	15.38
	减少收入户	13.47	42.86	40.00	32.40	17.95
过去的地主	增加收入户	86.24	73.17	60.87	—	89.36
	收入相同户	1.59	—	—	—	8.51
	减少收入户	12.17	26.83	39.13	—	2.13

续表

		吉林21社	山西6社	陕西9社	河南89社	湖北15社
其他剥削者	增加收入户	—	—	29.55	69.90	—
	收入相同户	—	—	—	3.30	—
	减少收入户	—	100	70.45	38.40	—
合计	增加收入户	70.62	64.77	69.54	68.45	70.64
	收入相同户	2.71	6.77	2.70	2.64	11.01
	减少收入户	26.67	28.46	27.76	28.91	18.35

　　资料来源：根据中共中央农村工作部办公室编印《17个省、市、自治区1956年农村典型调查》（内部资料），1958年2月，第12、47、128、141、217页整理。

　　从表4-8反映的情况看，与1955年相比，1956年各省调查的高级社中70%左右的农户的收入都有所增加，但从各阶层收入增加户数占自身阶层户数比重来看，贫农与下中农、新上中农超过老上中农和富农阶层，也就是说，贫困农户加入高级社后，确实能解决耕畜、农具不足的困难，提高生产，增加收入，体现了集体劳动的优越性。同时，表4-6也反映出1956年有20%—30%的农户的收入比1955年收入有所减少，尤其是富裕中农和富农收入减少的户数较多。

　　在初级社中合作社采取"按劳分配"和"按土地分红"相结合的分配方式，而入社前经济相对富裕的农户，大多劳力较强，或占有的土地较多、较好，由此，收入也相对较高。而高级社由于实行"按劳分配"，容易产生侵犯占有较多土地农民的利益，特别是造成部分土地较多、劳力较少农民收入下降，农户收入减少或增收的幅度不大，进而会引起他们的不满。据河北省定兴县红星社调查，全社377户，1954年贫苦户134户，中等户166户，富裕户77户。1956年秋收分配后三种生活水平中，都有升降。原贫苦户中，上升的80户，占66.6%；下降的6户，占4.4%；不动的48户，占35%。原中等户，上升的46户，占28%；不动的87户，占53%；下降的33户，占19%。原富裕户，上升的8户，占10%，不动的18户，占24%；下降的51户，占66%。该县五一社1956年购布量，每人减少0.9尺，但其中一半贫农，新、老下中农和地主的购布量都有显著增加，一般来看，新、老上中农及富农减少了。[①] 又如广东中山永宁洪水村老中农邓炳业，入社前每年纯收入1750元，入社后只得600元；九州基老中农刘旺兴，入社前纯收入650元，入社后只得180元，在1956年年底均闹退社。[②] 至于农户收入减少的具体原因，据湖北省8个社455户减收户的调查，有以下10种情况：（1）田多劳力少的122户，占减收户的26.81%；（2）土地多、土地好的23户，占5.05%，其中新上中农12户，老上中农7户，老下中农4户；（3）经济作物占有多的13户，占2.86%；（4）劳力减少（如服兵役、嫁姑娘或劳力死亡等）77户，占16.92%；（5）害病影响出工的65户，占14.29%；（6）孤寡老弱12户，占2.64%；（7）家庭副业减少的111户，占24.4%；（8）劳力安排不当（如对手工业者）少做劳动日的6户，占1.32%；（9）对"按劳取酬"政策有怀疑，出工不积极的23户，占5.05%；（10）干部因误工多或参加劳动少而减少收入的3户，占0.66%。[③] 从湖北省调查情况看，农户收入减少的原因可以归纳为两种情况：一是属于客观困难，当时在合作社体制下在短时间内还解决不了的，诸如前6种情形即是如此；二是属于合作社的工作问题，即后4种情形，工作好是可以解决的。另据江西省对577户减少收入农户的调查，其原因主要有以下四点：（1）合作社生产潜力没有充分发挥出来，增产不够显著，特别是生产经营存在单一化的偏向，没有大力开展副业生产，发展多种经营，社员的家庭副业没有很好地搞起来。（2）遭水旱灾减产严重，淇塘社1956年比1955年减产25%，胜利社减产35.9%，建设社减产32.33%。（3）由于种种特殊原因减少了收入。有的是因为人多劳力少，入社前是携带妻儿起早摸黑干活，入社以后，减少了收入；有些是因为劳动力死亡，长期生病或外出而减少收入；有些社员是由于年迈力衰，过去雇一些短工或者是依靠亲友帮忙，入社后光靠自己劳动而减少收入；有些是入社前土地和其他生产资料多，入社后取消了土地报酬；有些是历来依靠地租维持生活，入社后没有了地租收入；有些手工业者是因为生产受到了限制而减少收入；有些小商贩、医师和其他职业者没有得到职业安排，劳动力弱，农业生产不熟悉，劳动报酬

---

① 《河北省农村调查》，《17个省、市、自治区1956年农村典型调查》，第79—80页。

② 中华人民共和国国家农业委员会办公厅编：《农业集体化重要文件汇编》（1949—1957）上册，第651页。

③ 《湖北省农村调查》，《17个省、市、自治区1956年农村典型调查》，第217页。

得到的少而减少收入。（4）经济基础相差悬殊的队、组统一分配后，穷村社员收入上升，富村社员的收入普遍下降。① 再如陕西武功县令东社"有 10 户地多劳少户，入社前平均每劳占有 10 亩多水浇地，而入社后每劳水旱地仅 7 亩多一点，这些户在入社前，地多地好收入就大，入社后他们的收入都减少了"。②

二　合作化后农户思想动态

如前文所述，合作化后多数农户收入有了增加，生活得到改善，体现了高级社的优越性，因而对社表示信任，思想情绪安定。但是，由于各个阶层入社前经济地位不同，入社后收入增加程度也有差异，他们的思想动态也不相同，具体看：

（一）贫农

在加入合作社后，大部分收入增加了，办社信心很高。如江西赣县吉埠社贫农康定秀说："土改头翻身，初级社翻半身，高级社按劳取酬翻全身。"减少收入的贫农社员中，绝大部分也愿意留在社里，把社办好，江西省万年县五星社贫农饶兴中说："毛主席总是关心穷人，我虽苦 10 年 8 年也要苦在社里。"③ 但是，他们底子薄，多数人目前收入还赶不上富裕中农（上中农），生活也较为困苦，特别是一些人口多劳力少的困难户，负担重，社里也难以得到解决，生产中情绪不高。如陕西米脂善家沟社贫农社员李海明说："社是好，不过今年生产费，明年公有化，暂时二年还受不了。"④ 又如河南省 5 社 490 户贫农的调查，对合作化一般拥护，但有些情绪的 28 户，占本阶层的 5.73%，主要原因是生活有困难，社内照顾不到；动摇犹豫的 17 户，占本阶层的 3.46%，这些人多数入社前兼营工商业或个别一贯不好劳动的懒汉。⑤

（二）新、老下中农

新、老下中农入社前的生产和生活存在一些困难，入社后增加收入比较多，所以对农业社基本上是拥护的，思想也较稳定，如江西南昌县建设社的下中农说："我们比上不足比下有余，合作社的好处我们也能沾些

---

① 《江西省农村调查》，《17 个省、市、自治区 1956 年农村典型调查》，第 315—316 页。
② 《陕西省农村调查》，《17 个省、市、自治区 1956 年农村典型调查》，第 129 页。
③ 《江西省农村调查》，《17 个省、市、自治区 1956 年农村典型调查》，第 323 页。
④ 《陕西省农村调查》，《17 个省、市、自治区 1956 年农村典型调查》，第 130 页。
⑤ 《河南省农村调查》，《17 个省、市、自治区 1956 年农村典型调查》，第 142—143 页。

光。"甚至一些收入减少的社员也认为："今年减产是因为受了灾，并不是合作社不好，如果不入社，更加要减产。"[1] 又如河南的 5 个社新、老下中农 1148 户的调查，其中对合作化拥护的 939 户，占本阶层的81.79%；一般拥护，但有某些不满情绪的 150 户，占本阶层的 13.08%；动摇犹豫、留恋旧道路的 59 户，占本阶层的 5.13%，这些户多属于人多劳力少，比去年收入减少的农户。[2]

（三）新、老上中农

新上中农人强马壮，在合作化第一年经济上升幅度较大的，由于经济上得到好处，因而拥护社的人越来越多，如据对湖北省 12 个社 404 户新上中农调查，89.61% 的户拥护合作社，在社里消极动摇的户约占本阶层的10% 左右。[3] 老上中农入社前生产资料较多，生活较好，部分户还有轻微剥削收入，入社后减少收入也较多，思想动摇。吉林省调查反映，"比过去减少收入较多的上中农，他们劳力较弱，过去主要靠牲口换工种地，略有剥削，他们过去的收入多，搞来钱多和来钱快的买卖，投点机，入社后又拿轻躲重，他们对社的事情都看不顺眼，他们怕投资连根烂，收入减少对社不满"。[4] 江西赣县吉埠社富裕中农郭爱英说："去年吃土地，今年吃耕牛，明年要挨饿。"有的说："土改打地主，现在一拉平。"个别的甚至对社内生产抱着"三不做"（天热不做，天冷不做，天晴不做）态度，少数减少收入的富裕中农社员吵着要退社，但多数富裕中农的态度是，既留恋单干，又不敢要求退社，怕退社后吃亏，会孤立。[5] 又如据湖北省 12个社的调查，老上中农拥护社和已在社里稳定下来的占 80.17%，仍有18.83% 的户，在合作社干了一年，还未拿定主意，犹豫不决，其中0.89% 的户表示要坚决退社（并有 0.88% 的户已退社），这些户主要是以下两种人：一是田多出好，茶、麻经济作物占有多的；二是不仅占有优越的生产条件而且还善于多种经营。他们的犹豫动摇，一方面是由于收入减少；另一方面是他们仍留恋旧道路，认为"入了社三不自由：政治不自由（不能说话，说了'扣帽子'），经济不自由（用钱不方便），劳动不

---

① 《江西省农村调查》，《17 个省、市、自治区 1956 年农村典型调查》，第 324 页。
② 《河南省农村调查》，《17 个省、市、自治区 1956 年农村典型调查》，第 143 页。
③ 《湖北省农村调查》，《17 个省、市、自治区 1956 年农村典型调查》，第 226—227 页。
④ 《吉林省农村调查》，《17 个省、市、自治区 1956 年农村典型调查》，第 13—14 页。
⑤ 《江西省农村调查》，《17 个省、市、自治区 1956 年农村典型调查》，第 324 页。

自由（整年在社劳动，没有休息时间）。"①河南省 5 个社 779 户新、老上中农的调查，其中对合作化拥护的 457 户，占本阶层的 57.2%，这些户多属于劳动力多、劳力强、劳动好，思想进步，1956 年收入也有不同程度的增加；一般拥护，但有某些不满情绪的 215 户，占本阶层 26.9%；动摇犹豫，对走合作化道路抵触的 127 户，占本阶层的 15.9%，这些户入社时勉强，入社后生产情绪很低，少数户过去有投机商业活动或其他剥削，入社后认为"不自由"，认为"单干容易，互助难，参加合作社不如前几年"。②

（四）富农、地主

多数在合作社内规矩守法，少数人不好好劳动，不听从指挥，搬弄是非，在这方面，富农比地主严重。原因是富农入社前一般土地较多、较好，生产工具齐全，入社后减少收入的户数比较多；地主的生产资料在土改中已经没收了，并且受到了严重打击；再入社后多数地主户收入增加了。如江西省丰城县唐圩社富农徐保仔在生产中经常说怪话，农业社用钱不自由，劳动不自由等③，但因为农业合作化是大势所趋，随着高级社的实现，对他们的分化作用也很大，一部分在社内劳动中得到了改造，据河南省 5 个社中 143 户地主、富农统计，入社后劳动守法，已取得社员称号的 38 户，占地主富农总户数的 26%；一般表现好，被评为候补社员的 66 户，占 46%；仍有 39 户，占 28%，不断利用合作社的某些缺点，进行挑拨、破坏活动。④

三　合作化后"拉牛退社"风潮

合作化完成之后，随即在 1956 年秋收前后全国各地均发生"拉牛退社"风潮。从当时调查看，各地闹退社和退社的主要三种人：一是富裕中农，二是缺乏劳动力的困难户，三是入社前的非农户和兼业农户。此外，在生产搞不好的合作社中，不少贫农、下中农由于减产减收，也有要求退社的。上述几种人中，富裕中农态度最为坚决，所占比例最大，他们"往往是闹退社的倡议者和带动者"。1956 年冬，据浙江省宁波地区调查，在退社户中，富裕中农占 50%；据安徽省的典型调查，在退社户中，富

①　《湖北省农村调查》，《17 个省、市、自治区 1956 年农村典型调查》，第 227 页。
②　《河南省农村调查》，《17 个省、市、自治区 1956 年农村典型调查》，第 143 页。
③　《江西省农村调查》，《17 个省、市、自治区 1956 年农村典型调查》，第 324 页。
④　《河南省农村调查》，《17 个省、市、自治区 1956 年农村典型调查》，第 143 页。

裕中农占74%。① 关于"退社"风潮的状况及处理政策，学术界已有广泛的讨论，成果较多。至于农户退社的原因，学术界也有论及，但囿于资料限制，论述还不充分，大都认为1956年，即合作化高潮后第一年，合作社效益严重下降，进而引起部分农户不满，而导致退社。② 事实并非如此，1956年，全国农业总产值约为583亿元，比1955年增加了27.4亿元；粮食（不包括大豆）产量为3650亿斤，比1955年增加了154亿斤。全国除了灾情严重地区外，有75%以上农户不同程度增加了收入，减少收入的农户只占10%左右。③ 以1952年为100，则1955—1957年农业总产值分别为1952年的114.6%、120.4%、124.8%；从农业部门物质消耗占农业总产值比重看，1955—1957年分别为27.5%、28.0%、20.9%；按总产值计算，以1952年为100，则1955—1957年农业劳动者平均总产值分别为108.0%、112.3%、114.2%；从农民人均消费水平看，1955—1957年分别为76.3元、77.5元、79.0元。④ 上述指标均在合作化体制下实现。由此可见，合作社的效益并不差，农户退社另有原因。

从上文的分析看，全面合作化的第一年，并不是学界先前所认为的高级社效益严重下降，除了受灾较为严重的地区，总体农户收入是增加的，但是各阶层农户增收的幅度以及各阶层增收的户数所占本阶层比重不一致。合作化前相对贫困的农户，在合作社中增收的幅度较大，且增收的户数比重也相对较高，因此合作社得到了他们的拥护。但也有小部分相对贫困的农民退社，主要原因是收入减少或感觉合作社不自由。在合作化前具有相对较高生产水平的富裕中农和富农阶层，由于高级社中取消了"土地分红"，实行按劳分配，同时由于合作社实行集体劳作制度，对个人的自由发展限制较多，尤其是家庭副业在高级社中没有得到重视，富裕中农和富农增收的比重不大，减收户数较多，进而引起他们不满，动摇了他们

---

① 国家农业委员会办公厅编：《农业集体化重要文件汇编》（1949—1957）上册，第655页。

② 这方面的成果主要有：武力《农业合作化过程中合作社经济效益分析》，《中国经济史研究》1992年第4期；罗平汉《简论1957年农村两条道路的大辩论》，《史学月刊》2002年第11期；叶扬兵《1956—1957年合作化高潮后的农民退社风潮》，《南京大学学报》（哲学·人文科学·社会科学版）2003年第6期等。

③ 周恩来：《1957年国务院政府工作报告——1957年6月26日在第一届全国人民代表大会第四次会议上》，中华人民共和国国史网，http：//www.hprc.org.cn/wxzl/wxysl/lczf/dishiyijie_10/200908/t20090818_27561.html。

④ 国家统计局国民经济平衡司编：《国民收入统计资料汇编（1949—1985）》，中国统计出版社1987年版，第5、9、24、80页。

合作化的信心，这是当时形成退社风潮的重要原因之一。

尽管农业合作化完成第一年农业合作社的经济效益并未下降，但农业合作社的生产发展中出现一些隐性的不稳定因素，导致以后合作社（人民公社）的经济效益长期不佳。首先从资金的投入来看，1954年每个社员户生产支出为175.10元，每户平均负担土地19.10亩①，即平均每亩土地投入9.20元；1956年根据典型社的调查，社内每亩土地平均投资为7.75元②，比1954年下降了18.60%。这说明土地及主要生产资料变为集体产权后，在缺乏排他性的所有权制度下，农民不能获得提高土地资金密集使用所增加的收益，因而会减少土地投资。从长期看，对土地投资的减少，必然引起地力衰竭，导致作物减产。其次从社员的劳动效率来看，据抽样调查，1955年合作社社员年均工作日为96个，产值为191.30元；1956年合作社社员年均工作日为197个，产值为166元。③劳动效率亦出现下降的趋势。

家庭是中国传统农业基本的生产单位，传统的小农积累了丰富的以家庭为基础的小规模生产经营的经验。在初期的农业生产互助组中，也是以家庭经营为主的。短短几年时间里，在全国范围内实现了合作化，生产经营单位扩大了几十倍甚至几百倍。对农业生产实行大规模经营管理，这对几亿农民，对于上千万合作社的干部来说，无疑是十分陌生的。而且生产经营单位规模越大，生产经营管理难度越大。当时，一方面，在合作社的生产中，缺乏有效激励机制及一些农民存在"机会主义"倾向；另一方面，合作社管理干部素质普遍较低，缺乏有效的管理手段和方法，上述弊端在合作社及人民公社的发展过程中逐渐显现，由此决定此后的农村集体经济组织经营效益长期低下，这也是改革开放后农村进行经济体制改革首先从农村经营方式切入的重要原因。

---

① 国家统计局编：《1954年我国农家收支调查报告》，第51页。
② 中共中央农村工作部办公室资料组编：《农业合作化第一年廿五个省（区、市）农业生产合作社典型调查》，第60页。
③ 武力：《农业合作化过程中合作社经济效益分析》，《中国经济史研究》1992年第4期。

结语　历史启示

一　结论

1949—1956 年，农村经济体制变迁是政府主导下的强制性变迁过程，农村经济体制变革不可避免地对农家收支状况产生一定影响，农家收支的变化也在一定程度上促进了农村经济体制的变革。从而农家收支与农村经济体制变迁形成互动。

1949—1956 年，尽管受农业生产发展水平、农作物产量低下及自然灾害频发等因素制约，但由于生产关系变革的影响，土改后的一两年农户收入水平缓慢增长情形，在此基础上，农户的购买力水平也有一定程度增加。在农户的收入结构中，尽管农副业收入占了绝对的比重，但农户仅靠农副业收入不足以满足全部支出的需要，因此，除了经营正常的农副业之外，农户还得通过家庭手工业、出雇、借贷等方式补助日常生活生产所需。

在分散小农经济基础上，农民向国家与市场提供的商品粮食与工业原料上，商品性生产很低。根据 1954 年中国农家收支报告中相关数据，每家农户出售植物栽培产品所获得的收入只占其经营植物栽培产品获得总收入的 25.86%。① 这说明在生产力水平落后和分散的小农经济基础上，农户收入增加后，首先要满足自身的生活需求，因此商品性生产是很低的，也表明小农经济的生产与国家工业化大生产的需要之间存在矛盾。只有农民增加了生产，增加了收入，才有可能向国家出售更多的商品粮和工业原料作物，支援国家工业建设；而农民有了更多收入，就意味着购买力的增长，生活水平上升了，又会给国家工业化开辟广阔市场。对于农民来说，在增加农业生产的基础上，卖给国家更多的农产品，而国家在发展工业的基础上能供应农民更多更好的生产生活资料，扶持农民投资扩大再生产，

①　中华人民共和国统计局：《1954 年我国农家收支调查报告》，第 50、55 页。

逐步改善农民生活。

国民经济恢复后，中国选择了重工业优先发展的赶超战略，随着国民经济大规模建设的展开，工业人口和城市人口迅速增加；工业原料作物种植地区扩大了，工业用粮比过去增多了。同时，土改后农民生活有所改善，农民消费粮食也比过去增多，必然引起粮食供销矛盾。在市场经济条件下，供不应求必然引起物价上涨，这样便导致了粮食购销危机。农业是当时工业化资本积累的主要来源，粮价的上涨将产生一系列反应，最终导致工业建设成本上升。在工农关系方面，由于农业关系到全国人民的吃饭、为轻工业提供原料、为工业的发展积累资金及出口等重大问题，始终受到中共中央和全党的关注。而重工业具有投资大、周期长和吸纳农业劳动力有限等特点，农业提供的剩余不能满足工业需要的矛盾从 1953 年就开始尖锐起来。正如中共中央在《关于发展农业生产合作社的决议》中指出："根据党的过渡时期总路线，我国的国民经济建设不但要求工业经济的高涨，而且要求农业经济要有一定的相适应的高涨。但孤立的、分散的、守旧的、落后的个体经济限制着农业生产的发展，它与社会主义的工业化之间日益暴露出很大的矛盾。"[1]

为了稳定粮价，降低工业化成本，解决"农业拖工业后退"问题，迫使政府进行一系列的制度创新，从而保证粮食的收购和供应。从理论上讲，要解决这一问题，一是可以在农业生产中推广先进技术，提高农业生产力，进而提高农业产出。二是国家可以加强对农民和农业生产的控制，把农业的大部分剩余从农民手中转移到国家手中。[2] 前一种方法虽然可行，但需要长期努力，不是指日可待的；后一种方法则是解决当时困难的权宜之计。解决这一问题的具体措施就是中国后来实行的统购统销政策。统购统销制度形成以后，国家为了保证农产品低价收购政策的顺利实施，就必须强制地取消农产品自由市场，由国家垄断市场。同时，为了确保在低价统派购条件下，农民仍然能把资源投入到国家工业化所需的农产品生产中，就要求做出一种强制性的制度安排，使国家能够以行政力量直接控制农业生产。于是国家在 1955 年又扩大了农副产品统购统销的范围。

---

① 中华人民共和国国家农业委员会办公厅编：《农业集体化重要文件汇编》上册，第 215 页。

② 陈云则直接指出，"农业增产有三个办法：开荒、修水利、合作化。这些办法都要采用，但见效最快的，在目前，还是合作化。"参见《陈云文选（1949—1956）》，第 237 页。

但是对农产品的征购，如果以农户为单位来进行，显然会增大交易费用。为了以较小成本获得更大的收益，农业合作社是最好的组织形式。经过互助合作的道路，"使农业能够由落后的小规模生产的个体经济变为先进的大规模的合作社经济，以便逐步克服工业和农业这两个经济部门的矛盾，并使农民能够逐步完全摆脱贫困的状况而取得共同富裕和普遍繁荣的生活"。① 正如邓子恢所讲的一样："今后，随着合作社的实现，由个体经济变为集体经济，由11000多万农户变成101万个合作社，将来还可能变成数十万个合作社，这就便于我们更好地做好统购统销工作……手续简便易行。"② 由此，实行对主要农产品统购统销政策之后，农业集体化运动不断加速。因此，农户收入水平低下，农户剩余少也是当时中国农业合作化进程不断加快的一个重要的经济因素。

土地改革后，大部分农民收入水平上升，生活水平提高，经济地位提升，少部分农户由于各种原因而生活水平下降，农村阶级结构的总体变化趋势是中农化，农村阶层呈现纺锤形的结构，而不是两极化。如果一定要用"分化"二字，那么这种分化也只是农民内部的分化，并没有达到阶级分化的程度，这种变化趋势是顺应经济发展规律的。过渡时期总路线提出之后，为了快速实现农业集体化，而片面强调农村的"两极分化"，并把土地买卖、雇工、自由借贷等看作是"两极分化"的表现，于是就急忙消灭这些东西，使农村社会走向无差别的共同贫困状态。

土地改革后，中国农村经济几乎变成清一色小农家庭经营，农村经济中自给自足的自然经济仍占统治地位，农业在从自然经济向商品经济过渡的起始阶段。我国幅员辽阔，民族众多，农业资源条件、农业内部结构和经营习惯千差万别，各地经济、技术、社会发展水平的差距更大。既然要发展商品经济，小商品生产者之间的竞争就不可避免，所有的农民在富裕道路上也不可能齐步走，所有农民在经济生活上也不可能平等划一。在经济社会发展过程中，也会出现少数人经济上升很快，开始雇工，而部分人上升缓慢甚至经济下降，这是经济社会发展的必然规律。因为只有顺应这种规律，才能调动广大农民的生产积极性，促进农业经济的发展，否认或

① 中华人民共和国国家农业委员会办公厅编：《农业集体化重要文件汇编》上册，第215页。

② 同上书，第556页。

者反对这种规律，"结果就是阻碍生产力的发展，而成为一种反动的空想"。① 国家强行保证利益的平等化与一致性，最终只能带来低水平的利益平均化，而将大批人口固定于较低的经济社会地位，只能以牺牲经济效率为代价来保证整个农民阶级低水平的公平。总结认识土改后对农村经济形势判断的经验教训，对于今天进一步深化农村改革无不具有重要的启示和借鉴意义。

农业合作化完成后，在集体所有制下，农民活动的全部成本并不是自己来承担，同时也不可能排除他人分享他的劳动成果，而且集体内部所有成员达成一个最优行为协议的谈判成本非常高。因此，在集体所有制下，农民的生产活动具有很大的外部性。农业合作化完成初期，由于国家大力支持及农民生产热情较高，农业经济的发展取得了一些成效。但以后实践证明，在农业合作化后期和人民公社化运动中形成的生产过程中集中劳动，由此决定的统一经营与统一分配的农村经营形式，不能解决集体经济中农民的经济责任、经济权力、经济利益相结合的问题，而导致了劳动组织上的责权不明，管理混乱，分配上的平均主义等弊病。这种体制缺乏内在的经济激励机制，压抑了农民的生产积极性，降低了农业的实际产出，抑制了农村经济活力，农民收入增长缓慢，消费水平长期得不到提高，加剧了城乡二元结构。正如舒尔茨指出的："在许多国家里把传统农业改造成高效率部门的公共计划之所以遭到失败就是由于决定建立大规模农业经营单位的政策。这些决策的背景是政治目的，这种目的得到'规模收益'这个特殊信念的支持。""求助于'规模收益'的概念一般是无用的，因为改造传统农业总需要引入一种以上的新农业要素，所以在这种改造所引起的过程中，关键问题不是规模问题，而是要素均衡性问题。"② 这也是改革开放初期，农村经济体制改革率先在农业经营形式变革的重要原因之一。

二 启示

1949—1956 年，中国社会经济制度变革剧烈，而制度变革并没有构建保持农民收入持续增长机制，反而对农民发展生产的心态产生了一定负面影响，束缚了农业生产发展。在新的历史时期，政府在推进农村经济社

① 中华人民共和国国家农业委员会办公厅编：《农业集体化重要文件汇编》上册，第25页。

② 西奥多·W. 舒尔茨：《改造传统农业》，第84、86 页。

会发展变革制度安排时，必须着眼于不断解放农村生产力，调动农民的生产积极性，提升农户的收入水平，不断缩小城乡居民收入差距，从而实现全面建设小康社会的宏伟目标。

1949—1956 年，农户的消费水平低下，主要受当时落后的生产力发展水平和低下的收入水平制约。总结当时历史经验，对于在当前新形势下，进一步提高农户的消费水平，改善农户的消费结构，无疑可以提供有益的借鉴和启示。

改革开放后，农村实行了大包干的农民家庭经营体制，农业生产力水平有了大幅度提升，农民收入水平也有了一定程度的增长。尤其是近些年来，国家实行工业反哺农业的政策，取消了各种农业税收，增加了对农业生产的补贴，农民的收入水平有了显著增加。但由于受经济、历史和环境等因素的影响，农村一直处在贫困落后的弱势发展地位上，传统农民的生活水平一直不高，追求温饱在很长一段时间都是农民群体所追求的目标。生活条件的恶劣、生活消费起点偏低，使农民一贯注重物质生活需求的满足。很多挣了钱的农民习惯性地把钱花在物质生活享受上，却不重视精神文化水平的提高。为了改变这种状况，需要进行各方面工作：

第一，要努力增加农民的收入。在现代经济学中，消费是收入的函数，要提高农民的消费水平，就得增加农民的收入，如进一步稳定当前各种惠农政策，推进农业和农村经济结构调整，发展农村第二、第三产业，拓宽农民增收门路；建立健全劳务市场体系，为农民外出务工创造良好环境；加大扶贫开发力度，提高低收入群体的生活水平等。

第二，改善农民消费硬环境。与 1949—1956 年农民自给型消费不同，当前，随着农民收入水平的逐年提高，农户对大件耐用消费品的需求日趋旺盛。由于国家对农村基础设施建设投入不足，农村电、水、路、通信等基础设施已不能适应当今农村经济发展的需要。因此，促进农村消费需求增长，当务之急是要完善同消费配套的基础设施。这需要政府在投资计划上的倾斜，优先考虑农村的需要，如加强农村电网、有线电视、自来水、道路等基础设施建设。加强农村基础设施建设，既可缓解农村居民服务性需求对社会构成的压力，又有利于改善农村消费环境，促进家电类等大件商品在农村销售、普及，改善农民的消费结构。

第三，改善农民消费软环境。与 1949—1956 年农户的低层次的温饱型消费相比较，当前，农村居民家庭的消费结构则处于以吃为主的阶段向

[29] 湖北省农村经济调查工作组：《江陵县三合乡农村经济调查报告》（1954 年 9 月 25 日），湖北省档案馆，SZ18 - 1 - 133。

[30] 湖北省农村经济调研组：《建始县七矿乡经济调查情况综合报告》（1954 年 9 月 22 日），湖北省档案馆，SZ18 - 1 - 133。

[31] 湖北省农村经济调查工作组：《浠水县白石乡农村经济调查报告》（1954 年 9 月 20 日），湖北省档案馆，SZ18 - 1 - 133。

[32] 省委农村经济调查组：《关于松滋县民主乡农村经济调查报告》（1954 年 9 月 14 日），湖北省档案馆，SZ18 - 1 - 133。

[33] 黄冈农村经济调查组：《黄冈县竹皮寺乡农村经济调查总结》（1954 年 9 月），湖北省档案馆，SZ18 - 1 - 133。

[34] 湖北省委农村工作部：《湖北省 12 个典型乡调查统计表》（1955 年），湖北省档案馆，SZ18 - 1 - 154。

[35] 湖北省农村工作部：《孝感、浠水、江陵、当阳和谷城等县信用合作社情况调查表》（1955 年 7 月），湖北省档案馆，SZ18 - 1 - 161。

[36] 中共湖北省委农村工作部：《湖北农村经济调查》（五个典型乡综合材料）（1954 年 6 月），湖北省档案馆，SZ18 - 1 - 285。

[37] 中南军政委员会土地改革委员会：《中南区一百个乡调查统计表》（1953 年 2 月），湖北省档案馆，SZ18 - 1 - 351。

[38] 中国人民银行湖北省分行：《湖北省分行 1950 年农贷工作总结》（1950），湖北省档案馆，SZ73 - 2 - 73。

[39] 《农村信用合作社业务规则范本》（草案）（1951 年 8 月），湖北省档案馆，SZ73 - 3 - 88。

[40] 中国人民银行湖北省分行：《湖北省 1952 年发放春耕农贷总结》（1952 年），湖北省档案馆，SZ73 - 2 - 98。

[41] 中国人民银行湖北省分行：《湖北省 1952 年上半年短期周转性放款总结》（1952），湖北省档案馆，SZ73 - 2 - 98。

[42] 中央财经委员会：《关于调整人民银行利率的规定》（1953 年 10 月 13 日），湖北省档案馆，SZ73 - 2 - 109。

[43] 中国人民银行湖北省分行：《中国人民银行湖北省分行三年工作总结》（1953 年 2 月 27 日），湖北省档案馆，SZ73 - 2 - 112。

[44] 中国人民银行中南区行：《七八月份工作综合报告》（1954 年 10 月 5 日），湖北省档案馆，SZ73 - 3 - 246。

［45］中国人民银行总行：《对于现行利率的补充和修订》（1952 年 12 月 19 日），湖北省档案馆，SZ73 - 3 - 96。

［46］中国人民银行湖北省分行：《湖北省四年来信用合作工作总结》（初稿）（1955 年 2 月 2 日），湖北省档案馆，SZ73 - 2 - 223。

［47］中国人民银行湖北省分行编：《湖北省金融统计资料汇编（1950—1952）》（1954 年 12 月），湖北省档案馆，SZ - J - 752。

［48］中国人民银行湖北省分行：《湖北省第一个五年计划金融统计资料汇编》(1953—1957)（1958 年 12 月），湖北省档案馆，SZ - J - 755。

［49］湖北省民政厅：《关于 1953 年上半年本省农村救济款发放工作的通报》（1953 年 8 月 14 日），湖北省档案馆，SZ67 - 1 - 178。

［50］湖北省民政厅：《关于本年本省夏秋之间农村救济工作总结报告》（1953），湖北省档案馆，SZ67 - 1 - 180。

［51］湖北省民政厅：《湖北省历年来的救灾工作和今后意见》（1953），湖北省档案馆，SZ67 - 1 - 180。

［52］湖北省民政厅：《第三次全国民政会议文件》（1954），湖北省档案馆，SZ67 - 1 - 334。

［53］湖北省统计局编：《1954 年农村经济调查报告》（1955 年 12 月 5 日），湖北省档案馆，SZ44 - 2 - 118。

［54］中共中央中南局农村工作部：《中南区 5 省 35 个乡 1953 年农村经济调查总结》（1954 年 7 月），湖北省档案馆，SZ - J - 514。

［55］中共中央中南局农村工作部：《中南区 1953 年农村经济调查统计资料》（1954 年 7 月），湖北省档案馆，SZ - J - 517。

［56］中共中央中南局农村工作部：《中南区农村统计资料》（1954 年 8 月），湖北省档案馆，SZ - J - 519。

［57］湖北省委农村工作部：《湖北省 12 个典型乡调查报告》（1956），湖北省档案馆，SZ - J - 526。

［58］河南省农村工作部经济调查办公室：《河南省农村经济调查报告》（初稿）（1954 年 5 月），河南省档案馆，J11 - 1 - 55。

［59］河南省农村工作部：《1954 年农村经济调查总结》（初稿）（1954），河南省档案馆，J11 - 1 - 55。

［60］河南省委农村工作部：《南阳县李河乡农村经济调查总结》（初稿）（1953 年 12 月），河南省档案馆，J11 - 1 - 61。

［61］河南省委农村工作部：《许昌县第六区李门乡经济调查总结》（初稿）（1954 年 1 月），河南省档案馆，J11 - 1 - 61。

［62］河南省经济调查组：《商城县白龙岗乡经济调查初步总结》（初稿）（1953 年 11 月），河南省档案馆，J11 - 1 - 61。

［63］河南省开封县双庙乡经济调查组：《开封县双庙乡经济调查总结》（草稿）（1954 年 1 月），河南省档案馆，J11 - 1 - 62。

［64］河南省委农村工作部温县经济调查组：《河南省温县马庄乡经济调查报告》（草稿）（1953 年 11 月），河南省档案馆，J11 - 1 - 62。

［65］中国人民银行河南省分行：《农业各项放款统计表》（1952），河南省档案馆，J138 - 8 - 587。

［66］中国人民银行总行工作组：《关于许昌县罗庄乡农贷减免缓收工作的典型调查报告》（1953 年 7 月 13 日），河南省档案馆，J137 - 4 - 825。

［67］中南区行农村金融工作组河南组：《河南叶县四区沈湾乡沈湾村经济情况初步调查》（1953），河南省档案馆，J137 - 7 - 749。

［68］中国人民银行河南省分行：《三个行政村的高利贷活动情况调查简结》（1954 年 10 月），河南省档案馆，J137 - 14 - 1078。

［69］中国人民银行商丘专区分行工作组：《调查私人借贷情况报告》（1954 年 11 月 11 日），河南省档案馆，J137 - 14 - 1078。

［70］河南省调查组：《正阳新丰集乡业围子行政村高利贷活动调查简结》（1954 年 11 月 8 日），河南省档案馆，J137 - 14 - 1078。

［71］中国人民银行安阳支行：《安阳专区巩县盐土村高利贷调查报告》（1954 年 11 月 10 日），河南省档案馆，J137 - 14 - 1081。

［72］中国人民银行河南省分行：《信用合作社座谈会议总结报告》（1954 年 5 月），河南省档案馆，J137 - 14 - 1071。

［73］中国人民银行河南省分行：《关于农村资本主义高利贷向灾民猖狂进攻的情况报告》（1954），河南省档案馆，J137 - 14 - 1081。

［74］中国人民银行河南省分行：《关于影响农村经济情况紧张及对资本主义工商业进行社会主义改造工作配合上对银行工作的检查》（1955 年 1 月 7 日），河南省档案馆，J137 - 14 - 1083。

［75］中国人民银行河南省分行：《荥阳县曹李信用社调查报告》（1952 年 10 月 5 日），河南省档案馆，J137 - 7 - 467。

［76］中国人民银行河南省分行：《农业各项放款统计表》（1952），河南

省档案馆，J138 - 8 - 587。

[77] 河南省统计局：《河南省农民家计调查资料汇编》（1956 年 1 月），河南省档案馆，J107 - 1 - 132。

[78] 中共湖南省委农村工作部办公室调统科：《湖南省四个乡农村调查报告》（1954 年 3 月 24 日），湖南省档案馆，146 - 1 - 27。

[79] 湖南省委农村工作部：《长沙县云泉乡农村经济情况调查报告》（初稿）（1953），湖南省档案馆，146 - 1 - 27。

[80] 湖南省委农村工作部：《衡阳县永寿乡农村经济情况调查》（1955 年 5 月），湖南省档案馆，146 - 1 - 37。

[81] 中共衡山县委办公室调研组：《衡山县横岳乡农村经济调查报告》（1954 年 2 月 16 日），湖南省档案馆，146 - 1 - 44。

[82] 湖南省委农村工作部：《安乡县蹇家渡乡农村经济情况调查报告》（1954 年 1 月），湖南省档案馆，146 - 1 - 53。

[83] 中共常德县委会办公室调研组：《常德县檀树坪乡农村经济调查报告》（初稿）（1954 年），湖南省档案馆，146 - 1 - 62。

[84] 湖南省委农村工作部：《关于长沙县草塘乡经济情况调查材料》（1955），湖南省档案馆，146 - 1 - 166。

[85] 湖南省委农村工作部：《关于湘潭县清溪乡经济情况调查材料》（1955），湖南省档案馆，146 - 1 - 175。

[86] 湖南省委农村工作部：《关于安乡县蹇家渡乡农村经济情况调查材料》（1955），湖南省档案馆，146 - 1 - 206。

[87] 长沙县委调查组：《长沙县云泉乡农村经济调查报告》（1954），湖南省档案馆，164 - 1 - 520。

[88] 湖南省委农村工作部：《关于长沙县草乡 1952 年至 1954 年经济情况调查分析表》（1955），湖南省档案馆，146 - 1 - 153。

[89] 湖南省委农村工作部：《关于长沙县草塘乡 1952 年至 1954 年经济情况调查分析表》（1955），湖南省档案馆，146 - 1 - 165。

[90] 湖南省委农村工作部：《关于湘潭县清溪乡 1952 年至 1954 年经济情况调查分析表》（1955），湖南省档案馆，146 - 1 - 176。

[91] 湖南省委农村工作部：《关于湘潭县长乐乡 1952 年至 1954 年经济情况调查分析表》（1955），湖南省档案馆，146 - 1 - 197。

[92] 湖南省委农村工作部：《关于安乡县蹇家渡乡 1952 年至 1954 年经

济情况调查分析表》(1955),湖南省档案馆,146-1-204。

[93] 湖南省委农村工作部:《关于安乡县竹林垸乡1952年至1954年经济情况调查分析表》(1955),湖南省档案馆,146-1-205。

[94] 湖南省委农村工作部:《关于沅陵县肖家桥乡1952年至1954年经济情况调查分析表》(1955),湖南省档案馆,146-1-246。

[95] 湖南省委农村工作部:《关于沅陵县蒙福乡1952年至1954年经济情况调查分析表》(1955),湖南省档案馆,146-1-272。

[96] 江西省委农工部:《吉安淇塘乡农村经济调查总结》(1954年8月5日),江西省档案馆,X006-2-3。

[97] 江西省农村工作部:《江西省信丰县胜利乡经济调查报告》(1954年8月10日),江西省档案馆,X006-2-4。

[98] 江西省委农工部:《崇义县黄沙乡经济调查材料》(1954年9月),江西省档案馆,X006-2-5。

[99] 中共九江地委调查组:《九江县石门乡农村经济调查总结》(1954年7月31日),江西省档案馆,X006-2-6。

[100] 江西省委调查组:《吉安淇塘乡典型乡社的调查报告》(1955年),江西省档案馆,X006-2-11。

[101] 江西省委调查组:《浮梁县益田乡调查报告》(1955年10月),江西省档案馆,X006-2-11。

[102] 江西省委调查组:《关于全省(9个典型乡)经济调查综合表》(1956),江西省档案馆,X006-2-13。

[103] 中华人民共和国统计局:《1954年全国农家收支调查资料》(1956年5月),广东省档案馆,MA07-61·222。

[104] 中共临高县委办公室:《南茶乡生产调查报告》(1953),广东省档案馆,204-5-10。

[105] 华南分局农村工作部共和乡调查组:《广东省曲江县共和乡农村经济调查报告》(初稿)(1954年1月),广东省档案馆,204-5-11。

[106] 华南分局农村工作部榄边乡调查组:《广东省中山县榄边乡(大车、西江里两村)农村经济调查报告》(1953年12月25日),广东省档案馆,204-5-12。

[107] 华南分局农村工作部外沙乡调查组:《广东省中山县第二区外沙乡

农村经济调查报告》（初稿）（1954 年 1 月 31 日），广东省档案馆，204 - 5 - 12。

[108] 中共粤东区党委农村经济调研组：《广东省海丰县月池乡 1953 年农村经济调查报告》（1954 年 2 月 23 日），广东省档案馆，204 - 5 - 14。

[109] 中共粤东区党委农村经济调研组：《广东省潮安县莲云乡农村经济调查报告》（1954 年 1 月），广东省档案馆，204 - 5 - 14。

[110] 中共中央华南分局农村工作部：《华南农村》（1953），广东省档案馆，204 - 5 - 30。

[111] 华南分局农村工作部第三处、广东省人民银行农金科调查组：《台山、龙川、中山、南海 4 县 12 个信用合作社情况的调查综合报告》（1954），广东省档案馆，204 - 5 - 39。

[112] 华南分局农村工作部：《南海县信用合作社调查报告》（1954 年 1 月 20 日），广东省档案馆，204 - 5 - 39。

[113] 中共中央华南分局农村工作部编：《广东省农村经济调查》（1954 年 4 月），广东省档案馆，204 - 5 - 68。

[114] 华南分局农村工作部：《曲江县大村乡调查报告》（1955 年 12 月），广东省档案馆，204 - 5 - 98。

[115] 中共华南分局农村工作部：《1955 年典型乡、社调查统计表》（之一）（1956），广东省档案馆，204 - 5 - 99。

[116] 中共华南分局农村工作部：《1955 年典型乡、社调查统计表》（之二）（1956），广东省档案馆，204 - 5 - 00。

[117] 中共华南分局农村工作部：《1955 年典型乡、社调查统计表》（之三）（1956），广东省档案馆，204 - 5 - 101。

[118] 中共华南分局农村工作部：《1955 年典型乡、社调查统计表》（之四）（1956），广东省档案馆，204 - 5 - 02。

[119] 华南财委：《龙川县第八区富围乡农村信用调查》（1952 年 12 月 28 日），广东省档案馆，206 - 2 - 108。

[120] 中国人民银行总行：《三年来农贷发放情况》（1953 年 9 月 29 日），中国人民银行总行档案，Y 农村金融管理局 1953 - 永久 - 1。

[121] 中国人民银行农村金融管理局：《农村信用合作历年发展情况》（1955），中国人民银行总行档案，Y 农金局 1955 - 长期 - 5。

[122] 中国人民银行总行农村金融管理局：《总行关于私人借贷及高利贷情况的综合材料及各地典型调查》，中国人民银行总行档案，Y 农金局，1955 - 长期 - 5。

[123] 中国人民银行总行：《全国农村金融会议总结报告》（1955 年 3 月），中国人民银行总行档案，Y 农金局 1955 - 永久 - 6。

[124] 中共山西省委农村工作部编：《土改结束时期，1952 年、1954 年山西省 20 个典型乡调查资料》（1956 年 5 月印），山西省档案馆，第 6805 号。

[125] 中共中央农村工作部办公室编：《八个省土地改革结束后至 1954 年的农村典型调查》，1958 年 2 月，山西省档案馆，21 - 8 - 1 - 2。

[126] 江苏省委农村工作部：《江苏农村经济概况》（1953 年 3 月 18 日），江苏省档案馆，3062 - 永 - 3。

[127] 苏南区委员会农村工作委员会：《农村借贷问题调查》，（1951 年），江苏省档案馆，3006 - 永 - 267。

[128] 中共溧阳县委会：《竹箐区王渚乡打通借贷关系的情况介绍》（1951 年 4 月 25 日），江苏省档案馆，3006 - 永 - 267。

[129] 江苏省金坛县农民协会：《金坛县拓荡乡 1951 年借贷情况调查报告》（1951 年 9 月 18 日），江苏省档案馆，3006 - 永 - 267。

[130] 苏南农工团三队二部：《宜兴县云溪乡关于农村借贷关系的调查材料》（1951 年 9 月 23 日），江苏省档案馆，3006 - 永 - 267。

[131] 苏南区委员会农村工作委员会：《吴江县城厢区浦西乡关于农村借贷关系调查报告》（1951 年 9 月），江苏省档案馆，3006 - 永 - 267。

[132] 苏南农工团 1 队：《无锡县洛社区张镇乡第七行政村借贷关系调查总结》（1951 年 10 月 3 日），江苏省档案馆，3006 - 短 - 331。

[133] 苏南农村工作团 13 队调研组：《常熟县南丰区扶渔乡土改后农村阶级经济情况变化调查》（1951 年 10 月 20 日），江苏省档案馆，3006 - 短 - 331。

[134] 苏南农村工作团 13 队调研组：《丹徒县里墅乡里墅村情况调查报告》（1951 年 12 月），江苏省档案馆，3006 - 短 - 331。

[135] 苏南区委员会农村工作委员会：《12 个典型村土改后农村经济调查》（1951 年 12 月 30 日），江苏省档案馆，3006 - 永 - 148。

[136] 江苏省农村工作团：《江宁县麒麟乡农村经济情况调查报告》

（1953 年 2 月 20 日），江苏省档案馆，3062 - 短 - 17。

[137] 江苏省农村工作团：《江苏省溧水县乌山乡农村经济情况调查报告》（1953 年 2 月 7 日），江苏省档案馆，3062 - 短 - 17。

[138] 江苏省农村工作团：《江苏省太仓县新建乡农村经济情况调查报告》（1953 年 2 月 7 日），江苏省档案馆，3062 - 短 - 17。

[139] 安徽省委农村工作部：《无为县百官乡关于债务问题的调查报告》（1953 年），安徽省档案馆，J9 - 1 - 19。

[140] 安徽省委农村工作部：《无为县河坝区藕塘乡三星行政村调查报告》，安徽省档案馆，J9 - 2 - 43。

[141] 中共中央农村工作部办公室编：《八个省土地改革结束时到 1954 年的农村典型调查》，山西省档案馆，21 - 8 - 1 - 2。

[142] 中华人民共和国财政部农业税司编：《1955 年农村经济与农民负担调查资料汇集》，1957 年 12 月，河北省档案馆，F325.7 - 2 - C.2。

[143] 中共热河省委农村工作部：《1954 年农村经济情况调查表》综合卷，河北省档案馆，684 - 7 - 46。

二　文献资料汇编、地方志

[144] 《中南区 100 个乡调查资料选集》（解放前部分），中南军政委员会土地改革委员会调查研究处编印，1953 年。

[145] 新湖南日报编：《湖南农村情况调查》，新华书店。

[146] 中央档案馆编：《中共中央文件选集》（1946—1947），中共中央党校出版社 1992 年版。

[147] 中国社会科学院经济研究所现代经济史组编：《中国土地改革史料选编》，解放军国防大学出版社 1988 年版。

[148] 中华人民共和国国家农业委员会办公厅编：《农业集体化重要文件汇编》（1949—1957），中共中央党校出版社 1981 年版。

[149] 中共中央文献研究室编：《新中国成立以来重要文献选编》第 4 册，中央文献出版社 1993 年版。

[150] 中国社会科学院、中央档案馆编：《1949—1952 年中华人民共和国经济档案资料选编》综合卷，中国城市经济出版社 1990 年版。

[151] 中国社会科学院、中央档案馆编：《1949—1952 年中华人民共和国经济档案资料选编》农村经济体制卷，社会科学文献出版社 1992 年版。

［152］中国社会科学院、中央档案馆编：《1949—1952 年中华人民共和国经济档案资料选编》金融卷，中国物价出版社 1996 年版。

［153］中国社会科学院、中央档案馆编：《1953—1957 年中华人民共和国经济档案资料选编》金融卷，中国物价出版社 2000 年版。

［154］中华人民共和国国家统计局编：《1954 年我国农家收支调查报告》，中国统计出版社 1957 年版。

［155］湖北省商业厅政策研究室编：《1949—1957 年湖北省商业厅历史资料》1959 年 12 月。

［156］卢汉川主编：《中国农村金融历史资料》（1949—1985），湖南省出版事业管理局 1986 年版。

［157］当代中国的农业合作制编辑室编：《当代中国典型农业合作社史选编》下册，中国农业出版社 2002 年版。

［158］中华人民共和国内务部编：《民政法令汇编》（1949—1954）。

［159］《湖北农村经济》（1949—1985），中国统计出版社 1990 年版。

［160］中共中央东北局农村工作部编：《1950—1952 年东北农村调查选集》，东北人民出版社 1954 年版。

［161］中共安徽省委农村工作部：《安徽农村典型调查》（土改结束后至1954 年），（内部资料），1956 年。

［162］中华人民共和国国家统计局编：《1956 年全国 24 个省、市、自治区农业生产合作社收益分配调查资料》（内部资料），1957 年12 月。

［163］中南军政委员会农林部编：《农业生产互助合作运动参考资料》，1953 年 1 月 20 日。

［164］中共中央中南局农村工作部编：《中南区农村工作资料汇编》，1954 年 10 月。

［165］中国科学院经济研究所编：《手工业资料汇编》（1950—1953），1954 年。

［166］国家统计局国民经济综合统计司编：《新中国五十五年统计资料汇编》，中国统计出版社 2005 年版。

［167］《湖北省 1954 年防汛抗洪档案选编》，1998 年编印。

三　经典文献

［168］马克思：《资本论》第三卷，人民出版社 1975 年版。

[169] 毛泽东：《毛泽东农村调查文集》，人民出版社 1982 年版。

[170] 毛泽东：《毛泽东文选》第六卷，人民出版社 1999 年版。

[171] 中共中央文献研究室编：《刘少奇论新中国经济建设》，中央文献出版社 1993 年版。

[172] 陈云：《陈云文稿选编》（1949—1956），人民出版社 1982 年版。

四　专著

[173] A. V. 恰亚诺夫：《农民经济组织》，中央编译出版社 1996 年版。

[174] 薄一波：《若干重大决策与事件的回顾》修订本上卷，人民出版社 1997 年版。

[175] 道格拉斯·C. 诺思：《经济史上的结构和变迁》，商务印书馆 1992 年版。

[176] 董志凯主编：《1949—1952 年中国经济分析》，中国社会科学出版社 1996 年版。

[177] 费孝通：《江村经济》，江苏人民出版社 1986 年版。

[178] 胡鞍钢等：《中国自然灾害与经济发展》，湖北科学技术出版社 1997 年版。

[179] 胡继连主编：《中国农户经济行为研究》，中国农业出版社 1992 年版。

[180] 黄宗智：《华北的小农经济与社会变迁》，中华书局 2000 年版。

[181] 黄宗智：《长江三角洲小农家庭与乡村发展》，中华书局 2000 年版。

[182] 江曙霞等：《中国民间信用——社会·文化背景探析》，中国财政经济出版社 2003 年版。

[183] 姜旭朝：《中国民间金融研究》，山东人民出版社 1996 年版。

[184] 李本公、姜立主编：《救灾救济》，中国社会出版社 1996 年版。

[185] 李金铮：《民国乡村借贷关系研究》，人民出版社 2003 年版。

[186] 李金铮：《近代中国乡村社会经济探微》，人民出版社 2004 年版。

[187] 刘秋根：《明清高利贷资本》，社会科学文献出版社 2000 年版。

[188] 卢现祥：《西方新制度经济学》修订版，中国发展出版社 2003 年版。

[189] R. 科斯、A. 阿尔钦等：《财产权利与制度变迁》，上海三联书店 1994 年版。

[190] 苏少之：《中国经济通史》第十卷上册，湖南人民出版社 2002 年版。

[191] 西奥多·W. 舒尔茨：《改造传统农业》，商务印书馆 2003 年版。

[192] 亚当·斯密：《国富论》，陕西人民出版社 2001 年版。

[193] 约翰·希克斯：《经济史理论》，商务印书馆 2002 年版。

[194] 郑风田：《制度变迁与中国农民经济行为》，中国农业科技出版社 2000 年版。

[195] 朱玲、蒋中一：《以工代赈与缓解贫困》，上海三联书店 1994 年版。

[196]《当代中国》丛书编辑委员会编：《当代中国的粮食工作》，中国社会科学出版社 1988 年版。

[197] 陈吉元等编：《中国农村经济社会变迁（1949—1989）》，山西经济出版社 1993 年版。

[198] 农业部政策研究室编：《中国农业经济概要》，中国农业出版社 1983 年版。

[299] 农业部计划局编：《农业经济资料手册》，中国农业出版社 1959 年版。

[200]“农村金融”编辑委员会编：《做好贫农合作基金贷款积极支援农业合作化运动》，财政经济出版社 1956 年版。

[201] 中共中央农村工作部办公室资料组编：《农业合作化第一年廿五个省（区、市）农业生产合作社典型调查》，中国农业出版社 1959 年版。

[202] 国家统计局国民经济平衡司编：《国民收入统计资料汇编（1949—1985）》，中国统计出版社 1987 年版。

[203] 柳随年、吴敢群编：《中国社会主义经济简史》，黑龙江人民出版社 1985 年版。

[204]《当代中国》丛书编辑委员会编：《当代中国的农作物业》，中国社会科学出版社 1988 年版。

[205] 武力、郑有贵主编：《解决“三农”问题之路》，中国经济出版社 2004 年版。

[206]《当代中国》丛书编辑委员会编：《当代中国的农业机械工业》，中国社会科学出版社 1988 年版。

［207］王国斌：《转变的中国——历史变迁与欧洲经验的局限》，江苏人民出版社 1998 年版。

五 期刊论文

［208］陈廷煊：《1949—1952 年农业生产迅速恢复发展的基本经验》，《中国经济史研究》1992 年第 4 期。

［209］陈廷煊：《1953—1957 年农村经济体制的变革和农业生产的发展》，《中国经济史研究》2001 年第 1 期。

［210］党安荣等：《中国粮食生产发展的时序变化研究》，《地理研究》1998 年第 3 期。

［211］方行：《清代江南农民的消费》，《中国经济史研究》1996 年第 3 期。

［212］郭谦、王克霞：《20 世纪二三十年代山东农家收支状况及其影响》，《山东经济》2006 年第 6 期。

［213］李根蟠：《从经济史研究谈到"究天人之际，通古今之变"》，《中国经济史研究》1999 年第 1 期。

［214］李金铮：《近代长江中下游地区农家收支对比及其相关因素——以 20 世纪 20—40 年代为中心》，《学海》2002 年第 4 期。

［215］李学昌、董建波：《1940 年后期常熟农家收入水平及其相关因素》，《史林》2006 年第 5 期。

［216］刘大禹：《试论 1954 年水灾和新中国成立初期农村集体保障制度的关系——以 1954 年湖南水灾为例》，《船山学刊》2005 年第 4 期。

［217］罗平汉：《简论 1957 年农村两条道路的大辩论》，《史学月刊》2002 年第 11 期。

［218］彭南生：《也论近代农民离村原因》，《历史研究》1999 年第 6 期。

［219］苏少之：《论我国农村土改后的"两极分化"问题》，《中国经济史研究》1989 年第 3 期。

［220］苏少之、常明明：《1952—1954 年湖北省农村私人借贷的历史考察》，《当代中国史研究》2005 年第 3 期。

［221］苏少之、常明明：《新中国成立前后人民政府对农村私人借贷政策演变的考察》，《中国经济史研究》2005 年第 3 期。

［222］苏少之、常明明：《20 世纪 50 年代前期中国乡村个体农民融资途

径与结构研究》,《当代中国史研究》2009 年第 4 期。

[223] 王玉茹、李进霞:《20 世纪二三十年代中国农民的消费结构分析》,《中国经济史研究》2007 年第 3 期。

[224] 吴承明:《经济学理论与经济史研究》,《中国经济史研究》1995 年第 1 期。

[225] 武力:《农业合作化过程中合作社经济效益剖析》,《中国经济史研究》1992 年第 4 期。

[226] 叶扬兵:《1956—1957 年合作化高潮后的农民退社风潮》,《南京大学学报》(哲学·人文科学·社会科学版)2003 年第 6 期。

[227] 周中建:《20 世纪二三十年代苏南农家收支状况》,《中国农史》1999 年第 4 期。

[228] 常明明:《绩效与不足:新中国成立初期农村信用合作社借贷活动的历史考察》,《中国农史》2006 年第 3 期。

[229] 常明明:《土改后农村私人借贷形式及利率的历史考察》,《中国经济史研究》2007 年第 1 期。

[230] 常明明:《新中国成立初期国家农贷的历史考察》,《当代中国史研究》2007 年第 3 期。

[231] 常明明:《私人借贷与农村经济和农民生活关系研究——以土改后中南区为例》,《中国农史》2007 年第 2 期。

[232] 常明明:《20 世纪 50 年代前期中国农家收支研究——以鄂、湘、赣 3 省为中心》,《中国经济史研究》2008 年第 1 期。

[233] 常明明:《20 世纪 50 年代前期中国乡村借贷方式比较研究》,《中国农史》2008 年第 3 期。

[234] 常明明:《20 世纪 50 年代前期中国农民的消费结构分析》,《中南财经政法大学学报》2008 年第 2 期。

[235] 常明明:《20 世纪 50 年代前期农村私人借贷利率探析》,《中国农史》2009 年第 2 期。

[236] 常明明:《新中国成立初期农村私人借贷的停滞及缓解措施的历史考察》,《中国农史》2010 年第 1 期。

[237] 常明明:《新中国成立初期的城乡手工业发展》,《当代中国史研究》2010 年第 4 期。

[238] 常明明:《土改后农业技术改进初探》,《中国经济史研究》2010

年第 4 期。

[239] 常明明：《20 世纪 50 年代贫农合作基金贷款的历史考察》，《中共党史研究》2010 年第 12 期。

[240] 常明明：《收入减少抑或增收差距：合作化后农户退社原因再研究》，《中国农史》2011 年第 1 期。

[241] 常明明：《20 世纪 50 年代前期乡村手工业发展的历史考察》，《中国农史》2012 年第 1 期。

[242] 常明明：《农村私人借贷与农民收入增长研究——以 20 世纪 50 年代前期鄂、湘、赣、粤 4 省为中心》，《中国经济史研究》2012 年第 4 期。

[243] 常明明：《主动上升与被动保持：土改后农民阶层的内部分化解析——以豫、鄂、湘、赣、粤五省为中心》，《中国农史》2013 年第 3 期。

[244] 常明明：《20 世纪 50 年代前期农户收支结构研究》，《当代中国史研究》2014 年第 3 期。

[245] 常明明：《20 世纪 50 年代前期农户收入研究》，《中国农史》2014 年第 3 期。

[246] 常明明：《新中国成立初期农家支出研究》，《中国经济史研究》2015 年第 3 期。

后　记

　　本书是在笔者主持完成的国家社科基金项目"20世纪50年代前期农家收支与农村经济体制变迁研究"（11XJL003）结题报告基础上修改而成，虽不断补充完善，但在付梓出版之际，遗憾仍远远多于满意。

　　自2000年起，师从我国经济史学界著名学者、中南财经政法大学苏少之教授研习中华人民共和国经济史时，我就把20世纪50年代前期的中国乡村经济史作为自己的主攻方向。其缘由是，一方面，本人来自农村，虽然父辈通过自身努力，在20世纪60年代考取大学，但专业为农学，且长期在基层工作，亦与农业打了大半辈子交道。同时，现在仍有很多亲朋好友在农村辛勤劳作，虽然日出而作、日落而息，但贫困面貌并未得到多大改观。出于情感因素，我对历史上的"三农"问题倍感兴趣，试图从历史演进视角揭示农村贫困原因，为今后解决"三农"问题提供些许有价值的参考。另一方面，苏少之教授主要研究领域是新民主主义经济，在博士学位论文选题时，苏教授鼓励我选择了一个前人没有系统研究过的"新中国成立初期的农村私人借贷关系问题"。为做好这个课题，我先后到湖北、湖南、江西、广东、河南等省档案馆收集整理了大量相关档案资料，在此基础上最终顺利地完成了博士学位论文的写作和答辩，这些档案资料也为我后续研究提供了较为坚实的基础。

　　2006年7月到贵州财经大学工作以来，得益于苏教授及经济史学界诸多前辈的奖掖，我先后主持完成了与20世纪50年代前期中国乡村经济史相关的两项国家社科基金项目和两项教育部人文社科基金项目，对当时的乡村借贷关系、农家收支问题等问题展开了较为系统的研究，并发表了相关系列论文。在此感谢他们长期对我的关爱。

　　此书玉成，感谢中国社会科学出版社为本书出版付出的心血，感谢贵州财经大学理论经济学重点学科资助出版经费。

　　特别感谢我的家人为我默默付出的一切！他们是我前进的动力。没有他们，我不可能走到现在。祝他们永远健康！平安！快乐！

最后，将本书献给我的儿子雅凯，他每天的欢笑为我扫除了一切阴霾，祝他天天开心，快乐成长！

常明明

2015 年 7 月 15 日于贵阳花溪